U0615032

如何设计深度学习的课堂

引导学生学习的176个教学工具

[英]麦克·格尔森　Mike Gershon　著

中国青年出版社
CHINA YOUTH PRESS

图书在版编目（CIP）数据

如何设计深度学习的课堂：引导学生学习的176个教学工具/
（英）麦克·格尔森（Mike Gershon）著；刘卓，刘雯睿，吕瑶译.
—北京：中国青年出版社，2022.10
书名原文：Crafting a Creative Classroom - 200 Tools to Supercharge Learning
ISBN 978-7-5153-6671-5

Ⅰ.①如… Ⅱ.①麦… ②刘… ③刘… ④吕… Ⅲ.①课堂教学—教学研究 Ⅳ.①G424.21

中国版本图书馆 CIP 数据核字（2022）第083869号

50 Quick Ways to Start Your Lesson with a Bang
50 Quick Ways to Help Your Students Think, Learn and Use Their Brains Brilliantly
50 Quick and Easy Ways to Outstanding Group Work
50 Quick Ways to Outstanding Teaching
Copyright © Mike Gershon
Simplified Chinese translation copyright © 2022 by China Youth Press.
All rights reserved.

如何设计深度学习的课堂：
引导学生学习的176个教学工具

作　　者：［英］麦克·格尔森
译　　者：刘　卓　刘雯睿　吕　瑶
责任编辑：肖妩嫔
文字编辑：郑敏芳
美术编辑：杜雨萃
出　　版：中国青年出版社
发　　行：北京中青文文化传媒有限公司
电　　话：010–65511272 / 65516873
公司网址：www.cyb.com.cn
购书网址：zqwts.tmall.com
印　　刷：大厂回族自治县益利印刷有限公司
版　　次：2022年10月第1版
印　　次：2025年7月第5次印刷
开　　本：787mm×1092mm　　1 / 16
字　　数：93千字
印　　张：12.5
京权图字：01–2021–1177
书　　号：ISBN 978-7-5153-6671-5
定　　价：49.90元

版权声明

　　未经出版人事先书面许可，对本出版物的任何部分不得以任何方式或途径复制或传播，包括但不限于复印、录制、录音，或通过任何数据库、在线信息、数字化产品或可检索的系统。

中青版图书，版权所有，盗版必究

目 录

第一章

巧妙导入新课，激发学生学习兴趣

第二章

提倡学思融合，鼓励学生深度思考

第三章

打造精彩活动，引导学生深度合作

第四章

实现卓越教学，促进学生深度学习

前　言

深度学习是一种强调积极主动的学习策略与能力。事实证明，浅层学习者被动地接受知识，为了应付考试，机械地记忆与背诵各个学科的知识点，而深度学习者的内驱力更强，他们在接受学习内容时投入更高的热情、在理解知识的基础上进行批判性思考、在班级开展小组活动时更有合作意识。深度学习的能力可以通过不断锻炼而习得。为了锻炼学生的这一能力，教师需要激发他们的学习兴趣，鼓励他们进行自主学习、合作学习和探究式学习。本书从以下四个部分为教师提供设计深度学习的课堂的教学方法，帮助教师提升学生的综合素质与能力，包括自主学习的能力、深度思考的能力、解决问题的能力以及协作能力等。

巧妙导入新课，激发学生学习兴趣

许多教师都知道，引入新奇事物或打破常规，是激发学生学习动力和发挥他们好奇天性的好方法。毕竟，多样性能让生活变得有滋有味。这一部分提供了巧妙导入新课的各种策略、活动和技巧，如布置秘密任务、播放音乐、在学生进教室时提出挑战……这能让你的课程以令人难忘、激动人心、引人入胜的方式开始，也能让学生从进入教室的那一刻起就动力满满，快速将注意力集中到课程的学习中。为了便于阐述这些建议在实践中是如何发挥作用的，这部分在每条建议下面举了两个例子。这些例子来自于不同学科和年龄群体，以表明在不同环境中如何应用这些建议来设计课程导入。

提倡学思融合，鼓励学生深度思考

学与思缺一不可，除了教授学科知识，教师还要启发学生的发散性思维和创新性思维，培养学生善于发现问题并解决问题、自主思考和乐于创新的能力。关于如何引导学生勤思考、勤动脑，这部分提出了令人兴奋且充满创意的想法，你可以在课堂上使用，以支持、激励和吸引学生，包括让学生制作"学习菜谱"、设计涂鸦作品、讲一个与学习内容相关的笑话等。这些建议以高度的实用性贯穿始终，可以在不同的课程和不同年龄段的学生中使用。同时，你也可以根据你的教学风格和学生的具体需求来进行调整。

打造精彩活动，引导学生深度合作

这部分介绍了最精彩的课堂活动：小组合作。小组合作有助于培养学生的团队协作意识，提高学生的课堂参与度，突出学生的主体地位。为了确保小组成员能够深度合作，你需要指导、实用的策略和技巧。这部分的建议可以帮助你成功开展和改进课堂上的小组活动，告诉你如何制定关于小组活动的周密计划、如何分组、教师在小组活动中应该注意的事项等，而且每条建议都简洁明了，易于实施。教师不能一蹴而就地实现出色的班级团队工作，但努力便会做到。特别是当你把这部分的建议付诸实践时，小组合作任务便会出色完成。

实现卓越教学，促进学生深度学习

卓越教学是引导学生取得卓越进步的教学。它意味着满足不同学生的需求，促进学生深度学习，激励他们发挥自己的潜能。为了帮助学生取得卓越进步，这部分会直接向你展示一些有效的想法、策略、活动和技巧，例如和学生一对一面谈、在课堂上注入趣味元素、严格管理课堂……通过这些方法，教师将一次又一次地教授精彩的课程。希望这部分的内容能供你所需，让你和你的学生出类拔萃。

所以请继续阅读并享受其中吧！这些建议不是一成不变的。你可以采纳这些建议，然后进行调整，把它们变成自己的教学方法。我相信当你阅读本书时，也会联想到之前的经历，并迸发出新的想法。

第一章

巧妙导入新课，
激发学生学习兴趣

01

播放音乐

音乐能唤起一系列感受和情绪，可以改变课堂的氛围，能让学生充满活力或者安静下来。你可以在课程开始时发挥音乐的这些作用，在学生走进门的那一刻就定下这节课的氛围基调。

例1：在小学科学课上，课间休息刚结束，学生依旧很兴奋。因为这节课的形式主要是小组合作，学生越安静课堂效果越好，所以老师决定在课程开始时播放巴赫大提琴组曲，让学生安静下来，保证课堂秩序，从而达到更好的学习效果。

例2：在古典音乐课上，老师先播放了一段古罗马的乐曲，让学生将其与自己平时所听音乐进行比较，鼓励他们思考音乐在自己生活以及古罗马人生活中的作用。老师在白板上展示了一系列古罗马乐器，让学生思考技术和音乐之间的关系，包括技术如何改变音乐。

分发道具

你可以在学生进教室后给他们每个人（或一些人）一个道具，但什么也别说，让他们先看看、摆弄、讨论，然后再告诉他们道具的用途以及接下来的安排。

例1：在小学写作课上，老师给每个学生一张糖纸，让他们与搭档讨论糖纸里原来装的糖是什么味道，想象这个糖是在哪儿做的，在哪儿卖的，在哪儿被吃掉的，然后开始讲述自己的糖纸故事。其他课程的写作任务也可以用这种方式开始。

例2：在德语课上，老师给每4个同学一个德国的旅游纪念品，让他们进行小组讨论，仔细查看，猜测用途，通过它了解德国的相关知识。通过这种方式，老师能够引出关于德国以及德国文化的新话题。

03

准备神秘物品

在教室的每张书桌上放一个神秘物品。在门口等着学生，跟他们说书桌上有个神秘物品在等待他们。任何泄露物品信息的问题都不要回答，保持神秘。观察学生的反应，看看这种方式会怎样提高课堂参与度！

例1：在美术课上，老师带来了神秘物品——赭石，放在书桌上，让学生观察，讨论，猜测其与课程有什么关联。老师还鼓励学生互相分享，比较一下所有石头有何异同。经过充分讨论之后，老师解释道：赭石是一种古老的天然颜料，这是本单元第一课的学习主题。

例2：在小学历史课上，老师把仿制的二战时期配给簿放在书桌上，让学生翻看，并在黑板上写下一些补充问题，为学生提供讨论思路。老师在教室里巡视，可以适当给予暗示、线索和提醒。经过充分讨论之后，老师介绍了配给簿的来源和使用方法，然后介绍这堂课的学习主题，即二战时期的家庭生活。

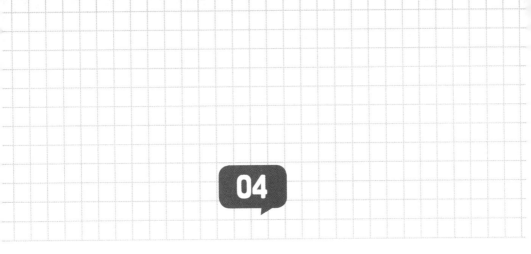

抽奖游戏

　　这有点像游乐场里的抽奖游戏。做一个抽奖箱，学生可以从中随机选择一张纸条。你可以让一个学生代表全班抽奖，也可以让每个学生自己抽。这种不确定性和潜在的可能性让这个游戏极具吸引力。

　　例1：在生物课上，老师拿出用亮闪闪的包装纸包装的盒子，里面折叠的纸上写着不同任务。老师让一个学生来到教室前面，从盒子里随机选一张，然后读出纸上写的任务，将完成这一任务作为导入活动并开始上课。

　　例2：在国民教育课上，老师站在门口，拿着一个袋子，里面装着30张折叠起来的纸，纸上写着与课程主题相关的任务或问题。学生进入教室时，要把手伸进袋子，随机选出一张，然后根据写在纸上的任务或问题展开行动。

05

不同寻常的声音

当学生走进教室，出乎意料地听到一种在课堂上从未听过的声音时，他们的注意力马上就被吸引了，脑海中浮现的第一个问题就是：这是什么声音？这样教师立刻就有了上课的切入点。

例1：在化学课上，老师循环播放了一段燃放烟花的录音。学生很快就意识到这是什么声音，然后老师告诉学生这节课会学习烟花制造所涉及的化学知识，让学生更仔细地听并思考这样一个问题：化学家会如何解释不同烟花发出不同声音这一现象？学生两人一组思考答案，并在上课过程中验证他们的答案是否正确。

例2：在国民教育课上，老师播放了一段汽车沿道路行驶的录音，并提出以下问题：这与国民教育有什么关系？因为学生不清楚答案，所以老师让他们两人一组进行讨论并分享，然后告诉学生这段汽车噪声是直接在学校周围记录下来的，以及车辆在学校周围造成的空气污染成为全国主要城市亟待解决的问题。

利用社交媒体

对于如今的孩子来说，社交媒体无处不在，是一种不断变化却会一直存在下去的生活工具。考虑到这种现实，你可以把社交媒体作为工具，在课程开始时激发学生的参与感。

例1：在社会学课上，老师拿出手机，展示自己的一个或多个社交媒体账号，并让学生思考以下问题：社交网络中的规范、价值观与现实生活有什么不同？人们以什么方式表现自己？与现实生活有何不同？在社交媒体中，一个人的影响力从何而来？和现实世界一样吗？

例2：在物理课上，老师为班级建立了一个线上班级群，并在群里发送了与学习内容相关的一系列视频、文章和实验的链接。在课程的前10分钟，学生们通过手机进入该群，单独或与同学一起学习链接里的内容。老师先用这个方法让学生思考课程主题，然后再进行正式介绍。

07

把答案发给我

开始上课时，大多数学生更喜欢你让他们拿出手机，而不是收起手机！通过手机将问题答案告知你，这种方法也不错，因为可以快速了解大部分学生的想法，但是别让他们泄露你的个人隐私。

例1：在设计与技术课上，老师从袋子里拿出一个空的麦片盒子，放在讲台上，说："我们需要重新设计包装。首先我想让你们尽可能多提想法，然后发到我的邮箱中，并将邮件命名为'麦片盒子设计'。"为了这堂课，老师还特意登录了邮箱账号，登录之后，白板上会显示所有学生的邮件。这种做法让课程以头脑风暴的形式开始。

例2：在哲学课上，老师提出这样一个问题："你能绝对肯定某件事是对的吗？为什么？把答案发到这个号码上。"然后，白板上出现一个电话号码——老师为这堂课特意买了一张便宜的电话卡。收到全部答案之后，老师会滚动手机页面，随机选择一个答案来读，然后开启讨论。

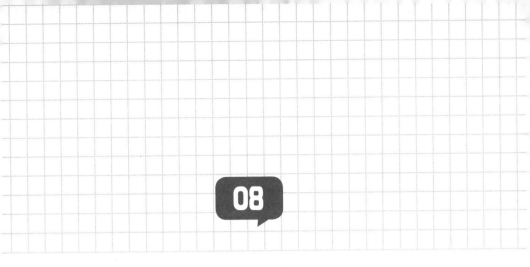

只展示链接

　　在白板上只展示链接，其他什么都没有。不要解释原因，也不要说点开链接会发生什么。这样学生就会忍不住想知道答案，那么只有一种方法可以满足这种好奇心……

　　例1：在小学算术课上，老师在白板上展示一个链接，然后找学生上前点开它。点开之后是一个趣味数学题，只有学生给出正确答案后，老师才会继续接下来的课程。点开链接的学生开始解答，其他学生也可以大声喊出他们认为正确的答案。

　　例2：在政治课上，老师在白板上展示3个链接，链接旁边有3个颜色分别为红蓝绿的圆点，然后让全班同学投票决定点开哪个圆点旁的链接。他们进行了两种不同方式的投票：简单多数制和选择投票制。这样做的好处是既能满足学生的好奇心，又能让学生了解不同的投票制度。

09

搜索一下

许多学生都知道如何使用浏览器搜索信息。你可以让学生在课堂开始搜索信息，从一开始就与学生进行互动，提高课堂参与度。教师可以提前搜索，查看会出现的信息。

例1：在法语课上，老师展示10个法语单词，这些单词基本上是学生从未见过的。第一个用相关浏览器全部翻译正确的学生是赢家。或者展示3个法国历史上的名人，学生需要用浏览器搜索相关介绍，然后用法语写一小段话，总结其出名的原因。

例2：在数学课上，老师在黑板上写下一个著名的等式。学生必须在浏览器上搜索出这个等式是什么，如何用，以及怎么推导出来的。然后，老师展示与该等式相关的实际问题，并让学生在浏览器上搜索具体示例。

10

展示图片一角

一张图片的信息量有时胜过千言万语。但是图片一角呢？它不是整张图片，而是其中的一小部分，其他内容无从得知。图片一角往往会让学生开始好奇整张图片是什么样的。

例1：在小学美术课上，老师展示一幅点彩画的一角，让学生观察，看看他们是否知道这是什么。学生凑近黑板仔细查看，并与搭档讨论整幅画可能是什么样的，以及为什么用这种画法创作。在展示完整的画之前，老师让部分学生分享答案以供全班讨论。

例2：在英语课上，老师展示宣传海报的一角，只包括部分海报图片和文字，让全班同学仔细观察，看他们是否能猜出完整内容。如果学生觉得很难，老师可以提供线索。

11

如果……，为什么……

如果资本主义已经让这么多人摆脱贫困，为什么马克思主义者要推翻它？如果宗教人士不一定奢求听到上帝对他们说话，为什么还要祈祷？这类问题涉及两个前提，要求学生弄明白它们是怎么彼此对立的。

例1：在历史课上，学生走进教室时，老师在白板上呈现以下问题：如果很多人都知道《凡尔赛条约》可能会让德国经济瘫痪，为什么没有人阻止签署？虽然学生还不了解这个条约，但老师希望他们知道这节课或这个单元要讲什么。然后，老师提出第二个问题：如果校长知道惩罚会对学生产生负面影响，为什么还会继续这样做？

例2：在心理课上，老师在白板上呈现3个问题：为什么旁观者无视需要帮助的人，即使他们知道这样做是错误的？为什么许多人在社交平台上立人设，即使知道这不是真实的自己？明知是错误的，为什么有人在众人面前还会同意错误的事情？老师让学生两人一组，选择一个问题进行讨论，找到正确答案。

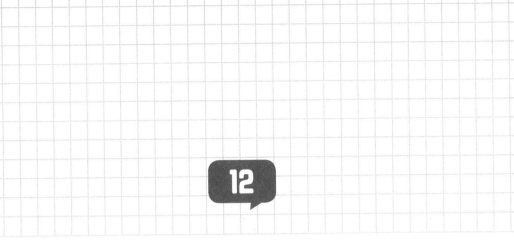

违背事实的问题

违背事实的问题需要学生思考：如果历史发生了改变，世界可能会有什么不同？比如，如果阿兹特克人在西班牙船队发现美洲大陆的前50年就发明了航海技术，并航行到了欧洲会怎么样？你可以在课程开始时向学生抛出类似问题，根据学生现有知识水平，他们可能会不知所措。

例1：在文化研究课上，老师提出以下问题：如果罗马帝国在5世纪之后幸存下来，并开始恢复以前的权力、财富和疆域会怎么样？通过这一问题，学生可以探究罗马帝国没能幸存下来的原因，其衰落对欧洲产生的影响，以及如果历史发生了改变，关于古罗马的文化研究会发生怎样的变化。

例2：在物理课上，老师提出以下3个问题：如果我们早100年发现量子物理会怎么样？如果我们早50年理解超导性会怎么样？如果牛顿晚两个世纪出生会怎么样？这些问题让学生思考物理学以及一些物理学成果是如何得以研究、实践和发展的。学生通过想象不符合现实的情景，进一步探索物理知识。

隐藏问题

你一天问多少问题？当然你可能问了很多，而且这些问题还至关重要。但是有时你不希望有些新玩法吗？还确实有。你可以把一个或几个问题藏在教室的某个地方，然后让学生在开始上课时找到它们！

例1：在地理课上，课程一开始，老师就宣布教室里藏了5个写在不同纸条上的问题，第一项活动就是找到这些问题并回答。学生只有2分钟的时间找到问题并交给老师，这一过程可能会造成秩序混乱！老师可以给出提示来帮助学生，如果学生找到问题，要告知全班同学并将对应的纸条送到讲台上。你可以找一个学生负责在幻灯片上打出已找到的问题，来进一步开展接下来的活动。

例2：在计算机课上，老师发给每位学生一张纸，上面有3个用编码写的问题，纸张底下是解码的关键信息。第一项任务是解码，第二项任务是回答问题，第三项任务是写出自己的问题，然后编码，让其他同学破解。

14

教室门口的挑战

学生像往常一样穿过走廊，准备走进教室。但这次不同的是，教师站在门口，在他们进门时提出挑战，让课程变得与众不同！

例1：在历史课上，学生进门时，老师提出挑战：一共6道题，学生可以独立完成，也可以找搭档一起完成。老师有两个选择：所有题目难度相当或依次递增，如果选择后者，你可以给特定的学生一定的挑战，将其作为一种差异化教学的手段。

例2：在国民教育课上，学生进门时面临挑战：限时5分钟，与搭档策划一场活动，以改变人们对公平贸易的看法，无须考虑费用问题。这让他们立刻集中精力，全力以赴。策划时间视情况而定，可以超过5分钟，但最初的限时可以让学生的思维更敏捷。

15

问答匹配

另一个让学生一进门就进入学习状态的方法是分发写有问题或答案的纸条。一些学生拿到写着问题的纸条，一些学生拿到写着答案的纸条。然后学生在开始上课时进行匹配，直到所有学生都配对成功，并交给教师检查。

例1：在化学课上，一共有30个学生。学生进门时，老师发了30个一半写着问题和一半写着答案的纸条。白板上正呈现一张幻灯片，上面写着："每个问题都有一个正确答案。你们要把这些问题和答案配对成功，然后放在讲台上，我会检查是否正确！"

例2：在宗教研究课上，一共有20个学生。学生进门时，老师发了20个一半写着问题和一半写着答案的纸条，然后对学生说有些问题有正确答案，有些没有！学生需要弄清楚哪些问题和答案是匹配的，哪些答案是错误的和容易产生误导的，哪些是正确答案。

16

进教室时的任务

除了在学生进教室时提出难度大的挑战和开展问答匹配活动，为什么不给学生布置一些其他任务呢？如果你接受它，那就需要在课程开始时布置给学生需要完成的任务。这种做法不同寻常，但会推动学生更积极地参与课堂，让你快速开启一堂课。

例1：在小学科学课上，老师在学生进教室时给他们布置了同样的任务。黑板上写着："你们需要想办法只用一张报纸搭建出尽可能大的桥梁模型，可以独立完成，也可以和搭档共同完成。报纸在教室前面，去拿吧！"

例2：在社会学课上，老师在学生进教室时布置了不同的任务。这些任务都与课程主题相关，但要求学生采用不同的方式探索它。老师让学生完成任务后和大家分享，这样所有人都有机会从不同角度思考这个主题。

17

乔装打扮

夏洛克·福尔摩斯是我喜爱的角色之一。教师可以在学生进入教室时开始扮演这一角色。真的会有教师这么做吗？他们会真的把自己打扮成福尔摩斯吗？其实，教师只要装扮成某一个人物角色，就会把课程变得与众不同，让学生兴奋不已，情不自禁地参与到课堂中。

例1：在哲学课上，老师把自己打扮成休谟，用他的语气说话、提问。学生可能会觉得好笑，或者感到惊讶，但是这样也能吸引他们，且让他们对这堂课印象深刻。当然，对老师来说，这也是一次与众不同的上课体验。

例2：在生物课上，老师装扮成查尔斯·达尔文，向学生介绍自己，邀请学生询问关于他的一些情况，包括他在一艘名为"小猎犬"号的英国海军测量船上的研究、自然选择理论以及整个职业生涯。这种方式能让老师有机会展示其对达尔文生活和工作的了解，也能让学生以一种独特的方式理解达尔文的进化论。

18

布置"犯罪现场"

把教室布置成"犯罪现场"，或者用绳子把教室隔出一部分，作为"犯罪现场"。众所周知，出现这种情况时我们通常的反应是去看热闹，所以这种教室布局可以吸引学生的注意力。

例1：在英语课上，老师用绳子圈出教室一角，里面放上一些可疑物品和手写纸条。其中有些是线索，有些是掩人耳目的东西。学生在书桌上发现一张纸，知道已经发生"犯罪事件"（与他们目前正在学习的课文有关）。他们的任务是3人一组，其中一人检查"犯罪现场"，并向小组汇报情况。然后，小组需要通过课文内容弄清楚事实真相。

例2：在历史课上，老师在教室中央布置"犯罪现场"。书桌上放有伪造文件，旁边有几支羽毛笔和一瓶墨水——暗示伪造工具的存在。老师请学生检查"犯罪现场"，然后发给他们一份伪造文件副本（与课程主题有关），并让他们和搭档一起，根据现有知识证明这些文件是伪造的。

19

出乎意料的课程

准备一节跟往常教学内容完全不同且毫无关联的课程。不要告诉学生，直接上课，看看他们有什么反应。这会立刻吸引学生的注意力，因为他们想弄清楚这到底是怎么回事。

例1：在体育课上，老师拿着一个美式橄榄球，开始教学生四分卫如何投球，这与现在的课程计划无关。老师对此不做解释，只是继续教学。一开始学生很惊讶，但随后就被这种与以往不同的课程安排所吸引，认为这节课既新奇又有趣。

例2：在设计与技术课上，一位老师根据他以前的工作经验准备课程。之前他恰巧在做服装设计师，所以这节课的重点是学生设计服装并制作出来。同样，这种安排让学生觉得既新奇又有趣，能让他们有不同于以往的课堂体验。

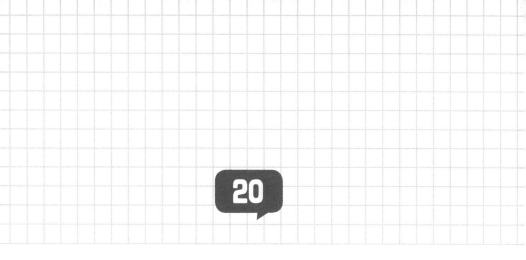

书桌上的秘密任务

学生坐在桌前，看似和往常一样在正常上课。但是等等，他们面前是什么？是个信封，封面上用工整的笔迹写着"秘密任务"。他们拿起信封，拿出里面叠好的一张纸。当他们读信的时候，秘密任务就开始了。

例1：在小学算术课上，学生们走进教室，在书桌上发现了与分数相关的秘密任务。因为老师从以前的课程中了解到学生对分数的掌握情况不同，所以按照题目难度和学生水平，布置了不同的任务。在学生开始完成任务时，老师在教室里巡视，必要时提供支援和示范。

例2：在音乐课上，学生们走进教室，在书桌上发现了秘密任务。三四个学生坐在一起完成3个秘密任务，每个任务都要求学生完成一项工作，但最终必须以小组为单位创作一首某一流派的音乐。同时，老师给出时限、补充说明、指导及可能的切入点。

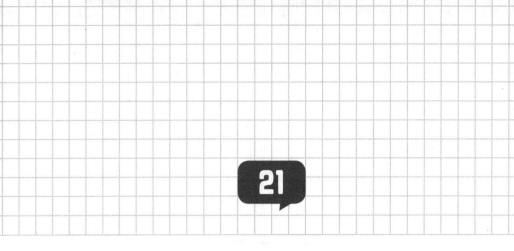

席地而坐

你可以在教室前面、后面或者中间席地而坐，然后开始上课。不要说你在干什么，直接坐下来，然后再告诉大家你要做什么，看看学生的反应。当他们问"为什么老师坐在地上"时，这就表示你一反常态的做法引发了学生的思考。

例1：在地理课上，老师让全班同学安静下来，然后坐在教室后面的地板上，跟学生们说，这节课的主题是移民，坐在这是因为想告诉大家移民很可能就是坐船或卡车来到移民国家的。这个时候，大多数学生会转过身来看老师。然后，老师让学生观看一段准备好的视频，其中包括一段面向难民队伍的采访视频，这些难民为逃离本国而走上险途。所有这些安排都是在为讨论移民和移民涉及的人力成本做铺垫。

例2：在宗教研究课上，老师坐在地板上，让全班同学和他一起围成一圈。在此之前，学生们需要齐心协力摆好桌椅，腾出足够大的空间让每个人都能席地而坐。这也为接下来关于合作的讨论做好铺垫，即老师会带领全班学生一起探究不同宗教对合作理念的理解与看法。

移走椅子

学生们走进教室，发现没有椅子。你可以看看他们的反应以及接下来会发生什么，也可以指示他们应该做什么。不管怎样，这一打破常规的做法使学生的头脑更加敏锐，注意力也更加集中。

例1：在数学课上，学生走进教室，发现没有椅子。老师跟大家解释说椅子在隔壁的空教室里。如果学生能成功解出黑板上的数学题，就可以去拿椅子。如果学生解完了题，要举手示意并把答案告诉老师（确保其他人听不见）。答案正确的话，可以去拿椅子；答案错了的话，要再次作答。

例2：在心理课上，学生走进教室，发现没有椅子。老师跟大家解释说椅子在隔壁的空教室里。如果他们能在教室里没有一把椅子的前提下设计出一个心理学实验，就可以去拿椅子。老师建议他们多想想正在学习的社会心理学。

23

移走书桌

和移走椅子一样，移走书桌也是一个打破常规的做法。虽然这做起来比较难（一个更简单的方法是把书桌都堆叠在教室一侧）。同样，学生们一开始上课就面临难题：什么情况？我要做什么？他们会立即开始思考和产生质疑。

例1：在音乐课上，所有的桌子都堆叠在教室外面。老师给学生提供乐器，并跟学生说他们的任务是创作出一首能表达某种情感的音乐。老师移走桌子只是为了创造一种不同往日的新奇感，所以并没有过多地强调移走桌子这件事，只是说学生在创作时不允许使用桌子。

例2：在哲学课上，老师让全班同学进来。教室里只有一张桌子，但一共有14个学生。老师要求全班同学想出最公平的办法来决定谁可以坐在桌边。有几点需要注意：坐在桌边的同学不能超过4个；不能都弃权——必须有人坐在桌边。这是为接下来介绍公平、正义和平等做铺垫。

每张书桌上放3个信封

在学生书桌上放装有秘密任务的信封时，不要放1个，而是3个。每个里面都有不同任务，信封上贴有A、B、C的标签，然后学生只能选一个来作为接下来5~10分钟内要完成的任务。

例1：在物理课上，老师在每张书桌上放置3个信封。信封A装的是一个实验任务，信封B是要求学生画一个思维导图，信封C装的是考试题，学生需要给出标准答案。老师让所有学生同时做出选择，以免有些学生在打开信封之前知道信封里的内容。

例2：在计算机课上，老师采用了类似的方法，只不过不是用的信封而是3个Word文档，文档放在了一个共享文件夹中，并分别命名为A、B和C。每个文档要求学生完成不同的任务。老师会告诉学生文档的存储位置，然后让他们随机选择一个任务，在课程开始时完成。在教室巡视时，老师给学生提供帮助，并确保学生在做出选择之前不会看到文档里面的内容。

25

幸运签语饼干

你可以在网上定制幸运签语饼干。每一个幸运签语饼干中都有一张小纸条，纸条上可以是你想告知学生的信息。不过要事先问清楚是否有学生不爱吃饼干。但其实，你可能只需要学生看看幸运签语饼干里的纸条内容，他们不用真的吃。

例1：在西班牙语课上，老师给大家发了一些幸运签语饼干。每张纸条上都有一个用西班牙语写的问题。学生要掰开幸运签语饼干，朗读并翻译纸条上的问题，然后想想如何回答。之后他们要找两三个同学回答自己的问题，学生之间对话时必须用西班牙语。这样学生就会通过与其他学生的互动来练习口语和听力。

例2：在美术课上，老师给大家发了一些幸运签语饼干，每个里面都有一张纸条，上面写着不同的绘画主题。学生要打开幸运签语饼干，查看自己的绘画主题，并与搭档讨论如何在画中体现这个主题。

分享现实问题

　　想想人们需要解决的哪些现实问题与教学内容相关，用其中的一个或多个例子作为课程的切入点，就是把外面的世界搬进教室，让学生参与其中。

　　例1：在设计与技术课上，老师在课程开始时分享了一则关于建造水电站的新闻，新闻中介绍了大坝的基本设计和发电方式，然后概述了设计和施工带来的潜在问题和困难，要求学生讨论出多种解决方案，并思考如何设计才能够研发出广泛应用的有效技术。

　　例2：在读写课上，老师在课程开始时分享了当地关于垃圾问题的新闻，与学生一起讨论并问他们对这个新闻的看法。学生们看着受影响区域的照片，讨论他们认为应该做的事情，然后老师告诉学生，说服性写作和演讲是改变人们想法的重要方法，所以这节课的重点是练习用这两种方法改变当地人的观念。

27

引人入胜的故事

引人入胜的故事会吸引我们的注意力，把我们带入其中。我们倾听或阅读，想要确切了解整个故事。还有什么比这更好的方法能让学生在课程开始就参与进来呢？

例1：在体育课上，老师首先给学生讲了杰西·欧文斯的故事。这位非裔美国运动员在1936年柏林奥运会，即所谓的纳粹奥运会上赢得了4枚金牌。老师以此为例，分析在某些时候体育的意义超越赛事本身，甚至会产生政治影响。老师还介绍了欧文斯是如何训练的，以及他成功的原因。这些能吸引学生的注意力，激励他们一旦课程开始就全身心投入。

例2：一位古典文化课的老师经常用希腊神话作为课程的切入点，他的描述很生动，深深吸引了学生，让他们在课程一开始就很投入。因此，学生开始习惯并且很期待这种导入故事，他们往往一走进教室就盼着听到这节课的神话故事，这也说明他们从进入教室的那一刻起就已经做好参与课堂的准备了。

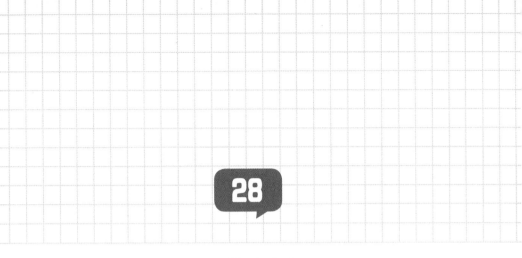

分享热点新闻

因为热点新闻是已经发生的且能被大多数学生注意到,所以上课时我们可以趁热打铁让学生讨论。这叫紧跟时事,不是吗?此外,这种做法既与课程相关,又非常有趣(前提是选对故事和问题)。

例1:在国民教育课上,老师在开始上课时分享了一则关于英国国家医疗服务体系的新闻,并提出了一系列问题,让学生先谈谈自己在医疗服务方面的经历,然后发表一下对公平的看法。接下来讨论话题变为对公平的定义,然后以此来分析政府是如何作出公共支出决策的,比如,钱是否应该花在学校、医院或其他方面。

例2:在政治课上,老师首先分享了一则新闻,说的是前一天晚上曝光的议会最新议题。老师把学生分成两派,其中一派必须提出支持政府的论据,而另一派必须提出反对政府的论据。为了加大难度,老师首先问学生支持哪一派观点,然后让他们为另一派的观点辩护。

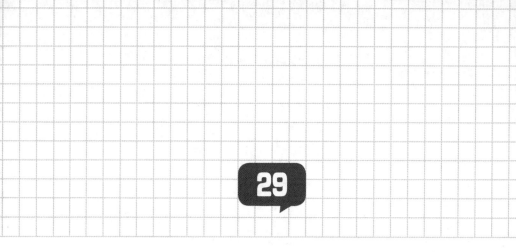

大声朗读

学生需要倾听，听教师大声朗读也很有意义，尤其是读得轻重得当、发音清晰、富有感情时。像听任何故事一样，他们会好奇接下来发生的事情，所以一直在听。实际上，在意识到这一点之前，学生已经开始全神贯注地听课了。

例1：在社会学课上，老师在开始上课时大声朗读一名罪犯的自传节选。他选了最有吸引力的部分开始朗读，但不告诉学生自己在做什么以及这么做的原因。学生们肯定会被吸引，然后想知道接下来会发生什么。老师读完后，给学生展示节选内容，然后让他们借此开始讨论罪犯的犯罪原因。

例2：在地理课上，老师在开始上课时大声朗读一本书的摘录，介绍作者住在亚马孙河边的生活。学生们立即被吸引了，想要了解更多内容。当老师朗读的时间过长时，需要观察学生的状态，只要合适，就可以继续。接下来，这节课会集中讲解关于河流的知识，学生们要从不同的角度探讨这一主题。

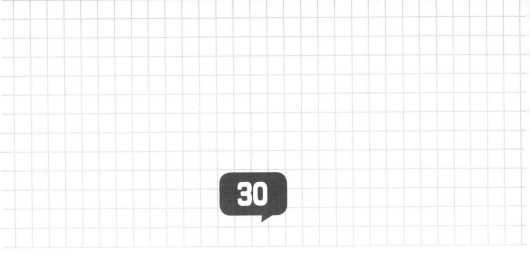

记录自己的视频

现在每个人都可以这么做，不是吗？现如今视频就是个人的社交工具之一，教师也可以通过视频（或者音频）打造自己的形象。播放这样的视频很可能吸引学生、挑战他们的先入之见，还能打破常规，换一种方式开始课程。

例1：在体育课上，老师将平板电脑带到足球场，在开始上课时播放前一天录制的视频。学生们围在一起，看老师讲解如何使用脚的不同部位进行短传和长传，然后还会看老师在视频中示范错误动作。视频放完后，老师让学生两人一组进行练习。

例2：在美术课上，老师播放自己录的视频，介绍如何使用水彩颜料达到某种绘画效果。老师不对视频进行介绍，也不说任何相关的事情，只是站在教室后面让学生观看。视频播放完后，老师让学生自己尝试。最后，再把视频静音并循环播放，以供学生画画时参考。

31

记录学生的视频

同样，为什么不让学生通过视频记录自己，然后在开始上课时播放呢？学生很可能会录制出一些令人兴奋或新奇的视频。同时，这种记录方式可以培养学生的创造力和自我管理意识。

例1：在小学历史课上，老师播放一组学生重演黑斯廷斯战役的视频，是之前上课时一些学生和助教在教室外拍摄的。老师要求全班同学在观看视频时记住关键人物和事件，并与搭档讨论如果是他们拍这个视频，视频会有什么不同。

例2：在心理课开始时，老师播放了几段60秒的视频，是学生完成的小组作业。这些视频呈现了学生看待同一主题的不同角度，以及他们总结的与主题相关的关键论点。学生按顺序观看视频，然后讨论如何看待这个特定主题。

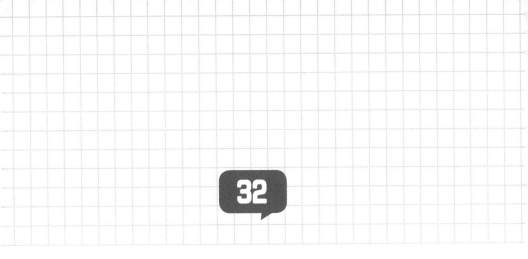

记录校长的视频

　　要想把视频玩出新花样，试试记录校长，然后用这个视频作为课程开场。这种做法让教师有机会为学生创造惊喜，也有机会了解更多专业知识，因为校长不是学科专家就是行为问题研究的万事通。

　　例1：在宗教研究课上，老师播放一段视频，视频中校长（宗教研究专家）在跟大家讲述排灯节期间在印度的旅行经历。通过这段视频，老师利用校长的经历将不同的声音带入教室，吸引学生的注意并让学生快速参与到课程中。

　　例2：在小学地理课上，老师播放一段视频，视频中校长坐在办公室里，严肃地对着摄像机镜头说："同学们，我需要你们完成一个任务。政府要求周末之前提交一份关于火山所有相关知识的报告，我需要你们的帮助！你们可以在星期五之前做好调查然后将调查结果告诉我吗？"

33

播放录音

制作录音很容易。你可以录制自己的声音，然后分享给学生。如果你能在录音的过程中采访他人，效果会更好。或者，你也可以从现有的录音中选一段分享。

例1：在化学课上，老师找了一间机房，与学生分享关于基因变异的录音，录音的内容包括教他们浏览相关网站、寻找具体资源，以及对基因变异的进一步讲解。在课程开始时，学生先听15分钟左右的录音，接着老师继续上课。

例2：在历史课上，老师在现有录音中选了一段进行播放，内容是对研究都铎时期的著名历史学家的采访，主题是亨利八世。老师提出了几个问题，帮学生更好地理解采访内容。播放完毕之后，老师先让学生与搭档讨论这些问题的答案，然后再带领全班展开讨论。

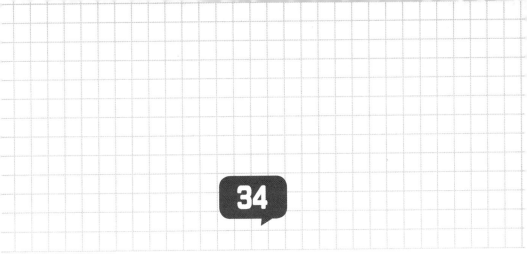

故意接电话

上课两分钟后，你的手机（已调到最大音量）响起了刺耳的铃声。这是你故意安排的，但学生并不知情，所以你接起电话，看起来像打断了整个课程，但却极大调动了学生的兴趣。

例1：在数学课上，老师在上课两分钟后接到一个电话，先是装作很惊讶的样子，接听一小会儿后，表示同意，然后挂断电话。之后，老师向全班同学说这节课要更换授课内容，不讲三角函数了，临时改讲概率。当然，老师是故意这样做的，但学生们并不知情，所以这种突然的改变让他们觉得很有趣而且出乎意料。

例2：在读写课上，老师在上课两分钟后接到一个电话，接听一小会儿后立刻挂断电话。之后，老师跟全班同学说接下来不学新课文，而是让他们自己写出一篇与课程主题相关的文章，然后与其他同学比较，看看他们的想法有何异同。

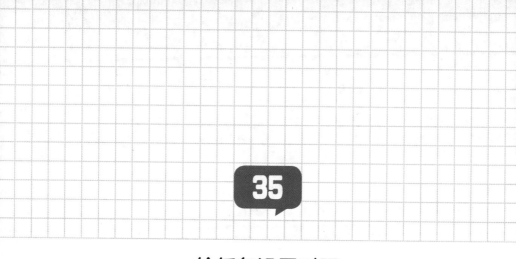

给任务设置时限

你可以设置这样的时间限制：30秒内回答问题、42秒内尝试解决一道难题、69秒内问出3个同学的想法。时间限制对行动速度有所要求，所以需要学生尽快完成任务。这种方法能在刚开始上课的时候就充分调动学生的积极性。

例1：在心理课上，老师在黑板上写了3个问题，然后让学生在课程开始时讨论。每个问题的讨论时长限制为60秒，老师开始倒计时，督促学生按时完成。3分钟后，老师组织全班同学进行讨论，让他们说出自己的想法。

例2：在生物课上，老师给学生布置一个任务，限时7分钟。任务包括3个独立的部分，老师要求他们按照2分钟、3分钟、2分钟的时间分配来完成任务。倒计时开始，老师在教室里巡视，随时提醒学生剩余时间，督促他们尽快完成。7分钟后，学生分享自己的想法。

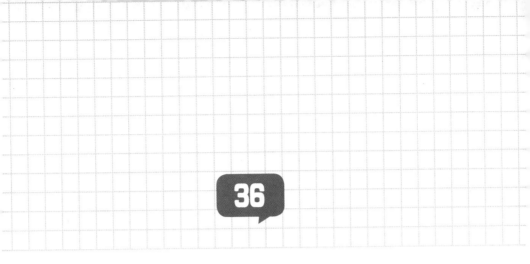

与时间赛跑

    为什么不设置一系列时限来鼓励学生与时间赛跑呢？这样，你就可以让学生迅速思考、迅速行动。利用好一系列时限会调动全班同学的学习热情，这无疑能让你成功开启一堂课!

    例1：在小学算术课上，老师在白板上展示了5组数，要求学生和搭档一起在2分钟内求和。2分钟后会显示答案，然后学生自己打分。接下来老师再展示5组数，但这次只给学生90秒时间。这种练习再重复两轮，最后一次更是在与时间赛跑，时限为30秒。

    例2：在国民教育课上，老师在白板上展示一个问题，限时2分钟让学生作答。然后开始倒计时。2分钟后显示下一道题，题型相同但内容不同。这次学生只有90秒，最后一道问题只有60秒的作答时间。

37

设计课堂挑战

通过设计一些与课堂活动（即将开展）相关的挑战，教师可以促使学生积极地投入到课堂中，还能让他们在一开始上课时就做到团结协作。这样学生能在完成挑战的过程中享受快乐与成就感，同时营造了一种积极向上的学习氛围。

例1：在设计与技术课上，老师布置了具体任务，要求学生搭建活动区域，为课程做准备。一系列子任务都写在黑板上，包括：（1）所有学生必须穿围裙。（2）所有桌子必须用报纸盖上。（3）所有学生均分材料。这一任务的挑战在于学生需要尽可能快速、安静、高效地完成所有子任务。老师会记录所需时间，以供下次挑战做参考。

例2：在一场足球比赛即将开始之前，体育老师要求学生用标志锥和可移动球门搭建几个5人足球场。全班同学分成3个队，把挑战变成比赛，第一个正确搭建场地的队伍获胜。

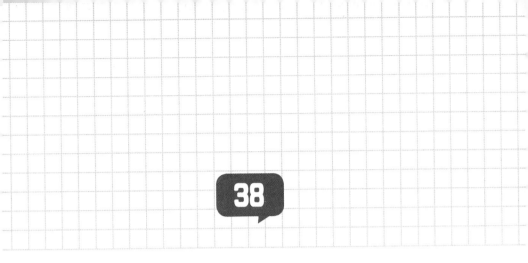

以比赛开始一堂课

为什么不以一场比赛开启你的课堂呢？让学生完成一系列任务，但要强调，这是一场比赛，在达到标准的前提下，最快完成的学生获胜。

例1：在历史课上，老师在黑板上布置了3个任务，要求学生尽快以高标准完成。老师给每个任务都设置了一个成功标准，要求学生必须达到。老师是最后的裁判，第一个完成所有任务的学生需要让老师检查是否符合标准。

例2：在化学课上，老师给出7个需要配平的化学方程式，并宣布开始上课时要进行比赛。第一个配平所有方程式的学生获胜。但是老师强调，配平结果必须正确。完成比赛但配错的学生被视为失败！

引人注目的图片

图片可以让学生从不同的视角看待世界，并激发他们的想象力。向学生展示引人注目的图片，这会引发学生的思考，他们会抓住机会，追问道："那这个呢？这个要怎么理解？"

例1：在数学课上，老师在白板上展示了一张螺旋芦荟的图片，并问学生这样一些问题："这是什么？如何与数学联系起来？你能用数学思维解释你所看到的吗？"芦荟叶子的排列方式符合斐波那契数列，所以这种方法能够成功吸引学生，并且让他们开始进行横向思考。接下来你还可以展示一些也符合这个数列的其他植物的图片。

例2：在读写课上，老师向学生展示了一张通缉海报，海报中间是一幅金发姑娘的图片。海报上写道："因非法入侵和偷粥而通缉她。"学生们对金发姑娘的故事很熟悉，但从来没有从这个角度思考。老师提出了几个问题让学生讨论：金发姑娘真的犯了罪吗？如果三只熊是主角，故事会有什么不同？

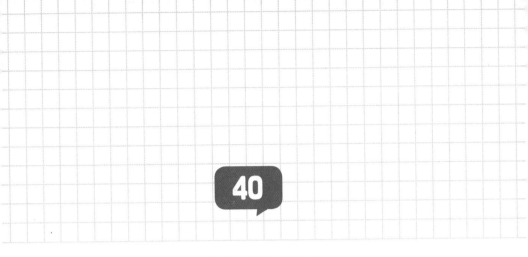

有悖常理的图片

这些图片与学生的思维习惯背道而驰。对于这种有悖常理的图片，他们往往都会多看两眼。正因为有些事不符合预期、不可预知，所以人们才需要思考和参与。

例1：在读写课上，老师在白板上呈现了几张有悖常理的图片，学生一进教室就能看到。这几张图片和学生们正在学习的名著有关，但图片中人物的行为显然不符合书中对他们的形象刻画。问题来了：这些图片哪些地方有悖常理？为什么？

例2：在历史课上，老师展示了电视剧《高堡奇人》的多张截图，同时提出一系列问题：违背事实的历史值得研究吗？电影和电视如何影响我们看待历史的方式？历史学家的工作是研究历史可能发生的事情和实际发生的事情吗？为什么？

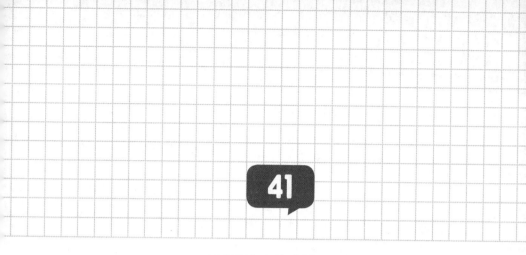

需要拆分的图片

拆分图片就是为了理解其内容及组成部分，分解后挖掘其深层含义。需要拆分的图片必须有可供进一步分析的内容，可能是复杂的、人为的、不常见的，或难以理解的。

例1：在小学算术课上，老师开始上课时，向学生展示一张从1到1/12的分数图，让学生看图并思考以下问题：如何利用这张图来帮助我们？你能把这张图分成几个部分吗？谁在工作中能用到这样的图？又该如何使用？

例2：在地理课上，老师展示了一张伦敦的鸟瞰图，用网格把图片分成6个独立的部分，发给不同的小组，然后问以下问题：你能从这一小部分图片中得到什么信息？怎么用它解释俯摄给地理学家带来的益处？你还想更详细地研究这一小部分图片中的哪些信息？为什么？

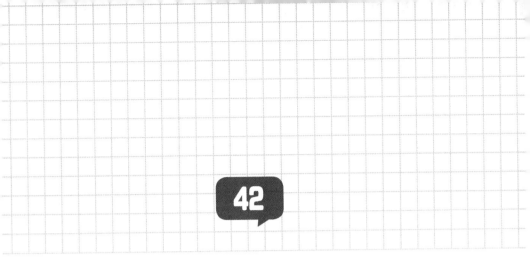

课堂上的"集体拼图"

给你班上的每个学生一块拼图，然后让他们将各自手中的拼图和其他拼图拼到一起。每个学生都能从活动一开始就参与进来，只要你一宣布开始，他们就得作为一个团队去思考、互动、沟通和行动。

例1：在德语课上，老师在每个学生进入教室时给他们一张纸条。一半学生的纸条上写着德语单词，另一半学生的纸条上写着德语单词对应的英语单词。老师让他们把德语单词和英语单词进行匹配。所有学生都觉得自己成功匹配之后，老师会进行检查。

例2：在计算机课上，老师在每个学生进入教室时给他们一张纸条，每张纸条上面写着一段不同的代码。学生要用这些纸条上的代码重新组成完整的代码。老师会观察学生的活动过程，他们完成任务之后，要让老师检查代码是否正确。

43

团队挑战

当学生走进教室后，你可以把他们分成几个小组，然后立即发起团队挑战。每个小组都必须完成，达到标准且最快完成的小组获胜。

例1：在小学科学课上，老师把全班同学分成8个小组，黑板上写着团队任务：你们需要制作一张海报，介绍一下人类可以对环境产生哪些积极影响；限时10分钟；海报上至少要呈现3点积极影响，而且需要包含文字、图片和身边发生的例子；符合标准且完成得最快最好的团队获胜！

例2：在政治课上，老师把学生分成5组。黑板上写着：一个国家越强大，越能保护人民的自由。老师告诉学生，任务是思考5种理论会如何回应上述观点，包括自由主义、女权主义、无政府主义、保守主义和资本主义。第一个回答正确的团队获胜。

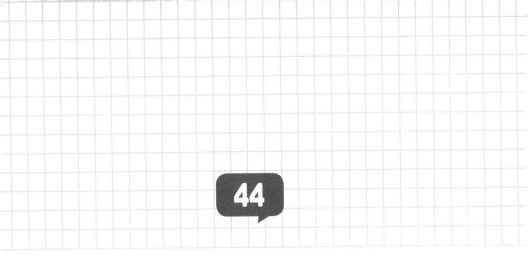

拉响警报

你可以从网上下载一段警报音（或者真的拿一个警报器），在开始上课时鸣响警报。为了转移学生的注意力，你还可以在课堂上多次发出警报信号。

例1：在物理课上，老师让学生开始做固定的导入活动，几分钟后拉响警报，跟学生说课程内容有所改变，然后介绍第二种导入活动。又重复两次后，即在学生完成第四个活动后，老师播放幻灯片，解释所有活动实际上是如何联系在一起的。这些活动的主题并不是独立的，而是同一主题的4个方面，整个课程将集中讲解这4个方面的内容。

例2：在地理课上，导入活动是让学生做一套试题。进行到一半时，老师拉响警报说任务已更改，现在必须在规定时间内完成类似的考试题。之后，警报第二次响起，学生必须给答案做注释，写出自己的想法。然后，警报第三次也是最后一次响起，学生必须将带有注释的答案与自己最初的答案以及搭档的答案进行比较。

45

走出教室

很多学生都喜欢离开教室到外面上课。除非天气真的非常不好，那种情况最好还是待在室内，但仍然可以走出教室，比如，去食堂或走廊。在食堂，你或许还能讲个冷笑话，说自己对知识很"饥渴"。

例1：在哲学课上，老师给学生一份讲义，里面有一张表格。第一栏列出了一些学校地点：自动售货机、网球场、接待处、图书馆等。第二栏的标题是：马克思主义者是如何诠释的？老师带领全班学生依次去到上述地点，每到一处都会跟学生讲解在此处如何应用马克思主义思想。学生边走边在表上做笔记。

例2：在小学美术课上，老师告诉学生这节课不在室内画画，而是要走出教室，取材于现实生活。老师给学生几个区域供他们选择：操场、足球场、菜地、草药园或台阶上。学生可以在课下参观每个地点，然后决定选择在哪个地点画画。

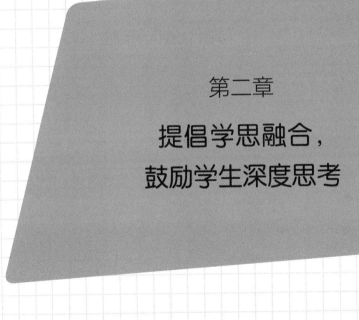

第二章

提倡学思融合，
鼓励学生深度思考

46

"为什么"卡片

为什么？

为什么是这样？为什么是那样？

为什么不在教室里的每张书桌上放上一套写有"为什么"问题的卡片？

为什么不让学生随机抽取卡片，来相互提问（或自问自答）？

为什么不在教室前面放上一套卡片，老师自己抽出"为什么"问题来问全班同学？

为什么不在提问学生时使用"为什么"卡片？

为什么不鼓励学生在教室里走动并使用"为什么"卡片相互提问？

为什么不这样做呢？

思想泡泡

我们在想什么？其他人又在想什么？如果想要了解自己的想法，通常最好的方法就是思考，或许还有聊聊天和写点东西；而如果想要了解其他人的想法，就需要他们以某种方式与我们交流。

下面是两个例子，说明如何使用思想泡泡来帮助学生了解自己和他人的想法：

• 在黑板上展示一张包含一人或多人的图片。在每个人的头上画出一个思想泡泡，要求学生两人一组讨论图片中人物的想法并说明理由。

• 要求学生画出一个思想泡泡，并在里面写上自己对课程的所有想法（你可以接着要求学生与搭档讨论他们的想法）。

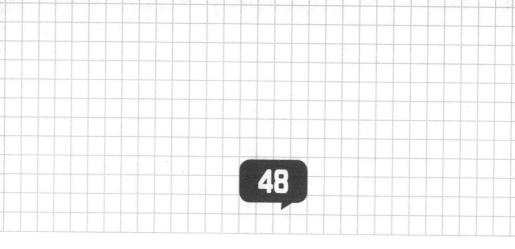

"说出前3个"原则

引导学生勤思考的另一个方法是要求他们说出脑海中率先浮现的前3个想法。你会喜欢这种更具体的回答。许多学生发现，比起回答一个宽泛的问题，这种做法更容易激发他们思考。

比如：

• 这个观点对吗？与你的搭档讨论。如果你认为不对，请说出你想到的前3个理由。

• 我们怎样才能确定这是否属实？说出你想到的前3个方法。

• 你对这个问题有什么看法？与你的搭档讨论并说出你想到的前3个看法。

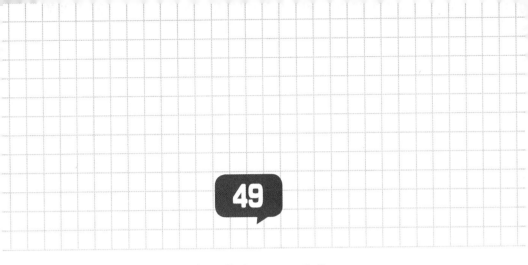

想象"我不是我"

有时，我们可以想象自己是另一个人，这样脑海里可能冒出一些奇思妙想。我的意思是我们可以试着从别人的视角出发来思考问题，跳出个人的思维局限，通过他们的思维，看看他们看到了什么。

你可以运用以下3种方式帮助学生通过他人的思维进行思考：

• 向学生介绍一个人（可以是真实的或者虚构的），要求学生与搭档讨论这个人会如何看待一些知识点。

• 提出一个涉及3个人的问题，让学生想一想每个人可能给出的答案。

• 让学生扮演一个影视剧角色，要求他们在整节课中像这个角色一样思考。

50

告诉3个人

如果我们想让学生勤于思考，那么为他们进行有效、批判性的讨论创造机会就非常重要。当我们分析所讨论的主题，特别是接触到不熟悉的观点和视角时，思维就会向前推进。

这里有一个非常简单有效的技巧，让你在任何时候都可以把批判性的讨论带入课堂。该方法如下所示：

给学生布置一个任务，让他们单独完成。这可能是回答一个问题、记下对某一主题的最初想法或对某一观点做出回应。然后，要求他们站起来，带着笔记，把想法告诉教室里的其他3个人。这常常会引发大家的讨论。

"如果……" 型问题

如果世界是一个立方体会怎样呢?

如果明天河流变成了冰激凌会怎样呢?

如果互联网早50年发明会怎样呢?

"如果……" 型问题有助于学生创造性地思考,鼓励他们猜测、想象和推理。

你可以自己准备或让学生准备一些 "如果……" 型问题,然后让学生思考这些问题。

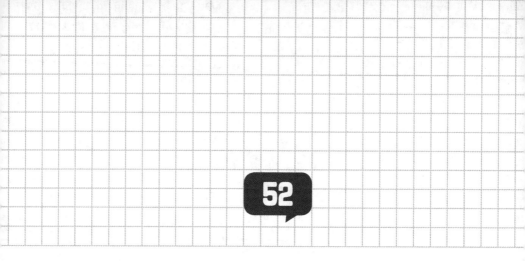

小表格，大用处

有时，巧妙运用大脑意味着在大脑中梳理各种信息，并以简单和易于使用的方式记录这些信息。我们可以通过表格来做到。

表格可以帮助我们整理烦琐的信息，还可以合理清晰、分门别类地将信息重现给我们。

学生并不总能意识到表格的用处。为了帮助他们认识到这点，你可以在课程中加入用表格记录信息的环节。

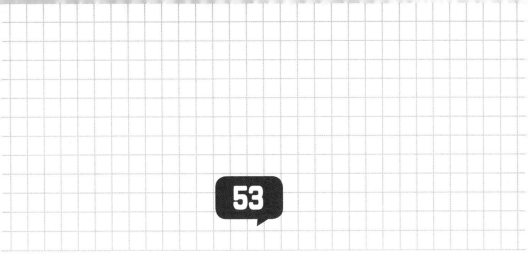

如果一切皆有可能

有时候，人们潜在的假设会限制自身的思维。这就像一个古老的故事说的那样，一头大象从出生那一刻起就被拴在一根柱子上，当把链子取下来之后，大象的活动范围也从未超过之前的活动范围。

提醒学生，他们潜在的假设可能是错误的，想象一切皆有可能。如果你能让学生这样思考，谁知道他们会想出什么好主意呢！

你可以通过在课堂上设计创造性活动、提出开放式问题、鼓励探索新思想和新事物，也可以在问题中使用"可能"一词来促进学生思考各种可能发生的情况。试着比较一下"答案是什么"与"答案可能是什么"的区别。

54

想象他人可能说的话

知道他人可能持有的想法和观点，有助于我们开阔视野，从而让我们更具创造力、想象力和批判性。

让学生这么做的一个好方法是：在白板上展示一张图片，或者作为讲义发给学生，其中包含一个或多个与课程主题相关的人物，并在图片上绘制一些对话框，要求学生想象他们可能会说什么并给出理由。

我们可以通过让学生相互比较答案来继续展开活动。

分享3件新鲜事

让学生勤于思考和学习是所有教师的教学目标。我们会在学校里督促学生勤于思考与学习，但很少会考虑学生出了校门是否会继续保持这一习惯。当然，我们希望学生保持良好的习惯，无论在学校、家里还是其他地方。

为了鼓励学生在校外勤于思考和学习，你可以挑战他们找出一周内在校外遇到的3件新鲜事，并要求他们在下节课开始时相互分享，谈谈对这3件事的看法。

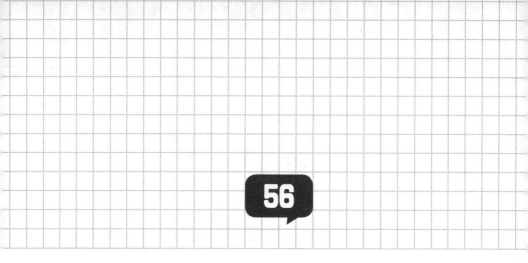

写下已经解决的问题

学生们在生活中一直在解决问题：他们可能正在研究如何重新布置卧室，计划如何索要更多的零花钱，或者如何在后花园建一座城堡。

我们可以让学生写下已经解决的问题，从而深入了解他们的日常生活。然后，他们可以继续思考如何用同样的技巧来解决与学习内容相关的问题。

上述做法可以在课程开始时或在包括解决问题的活动环节之前进行。

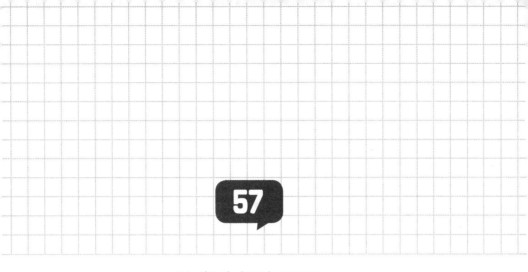

让学生提出问题

这是另一个与解决问题有关的好方法，可以真正让学生动脑。

当学生们对某个主题非常熟悉时，可以让他们两人一组，想出一个与该主题有关的问题。然后，让他们相互合作，尝试解决。

你可以给学生提供一些思路或范例，来帮助他们提出问题；或者要求一组学生向另一组学生提问，并让他们尝试解决。

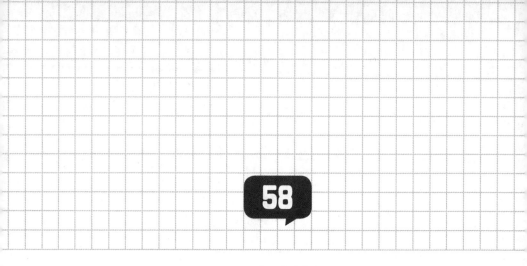

开拓创新

在生活中，许多成功人士具有开拓创新的精神。他们勤于动脑，寻找问题的解决方案，找出赚钱的方法并预测未来的趋势。

你可以让学生以这种方式思考。以下是3个示例：

• 要求学生想出3到4种针对某一问题的解决方案，鼓励他们对这些方案进行测试或评价，找出最佳方案。

• 在学习某个主题时，给学生设置一个挑战，找出某个行业可以利用某些想法或信息赚钱的方式。

• 要求学生根据所学内容发明新产品，鼓励他们思考如何让产品畅销。

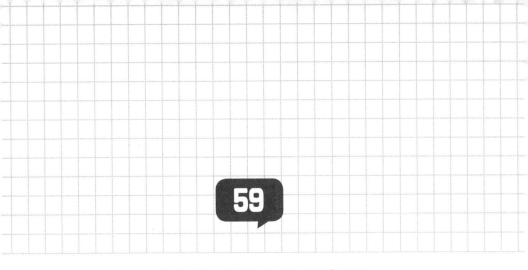

思考如何改善人们的生活

与鼓励学生开拓创新相似的是让他们思考如何改善人们的生活——无论是通过发明新产品还是找到重要问题的答案。

你可以通过要求学生完成以下作业来帮助他们以这种方式思考。

• 想出一个方法，改善你家所在的街道上人们的生活，并准备好把你的想法告诉全班同学。

• 为目前困扰世界人民的问题想出一个解决方案（你可能需要举出一些例子，让大家一起讨论）。

• 找到一种办法，使全国人民的生活更美好。你会怎么做？你的办法将如何改善人们的生活？

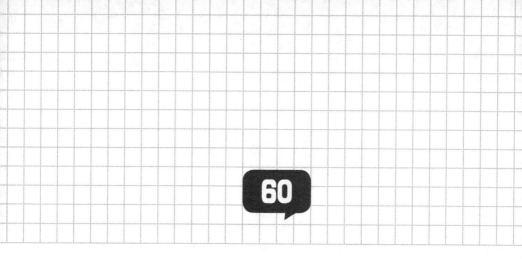

根据解决方案猜问题

对学生来说，这其实是一种逆向思考。你不用面向学生提出需要解决的问题，而是先给出解决方案，要求他们猜对应的问题是什么。

找到问题的难度取决于你呈现给学生的解决方案。有时，解决方案与问题之间的联系显而易见；而有时，这种联系则很难发现。

尝试给出与课程主题相关的问题解决方案，看看学生能否猜中问题。

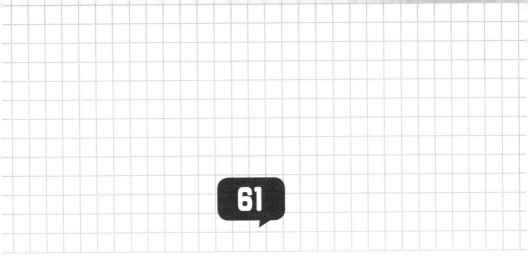

为方案排序

　　向学生提出一个与课程主题有关的问题，然后，介绍该问题的5种解决方案。要求学生两人一组，依次讨论每一种方案，然后按照各方案的有效性从高到低依次排序，同时告诉学生准备好他们的理由（无论是对你讲还是对其他同学讲）。

　　如果有时间的话，你可以让学生去探索和测试各种解决方案。这可以帮助他们反思最初的排序是否正确。

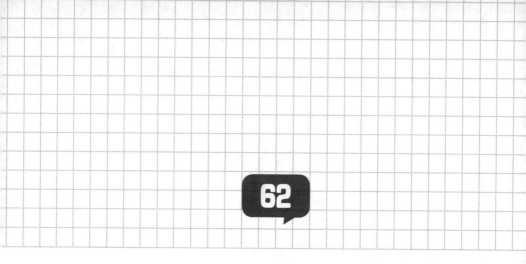

进行预测

因为预测需要掌握大量信息，所以必须了解之前发生的事情才能更准确地预测接下来可能发生的事情，评估各种可能性，最后证明你的想法（如果发生了别的事情，还需要分析错误的原因）。

在课程中加入预测的一个非常简单的方法是：你可以在某些时候让全班同学预测接下来会学习什么知识点。你可以在学生的整个学习过程中或在他们学习某个具体的知识点时使用这一方法。

同时，不要忘记要求学生证明他们的预测（并在事后进行反思）。

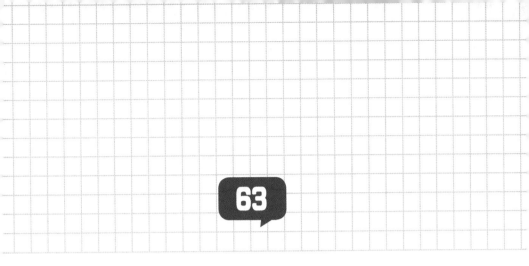

想想他人的不同感受

在黑板上写下一句话，比如："明天将取消所有税收，采用自愿的慈善事业取而代之。"

接着，向学生介绍与这句话相关的不同人物，让他们思考这些人会如何回应并说出理由。比如可以问：

- 一个百万富翁可能对此有什么感受？
- 一个普通收入的人会怎么想？
- 失业的人会怎么想？

学生们将不得不尝试理解不同人的处境，这将鼓励他们从不同角度思考问题。

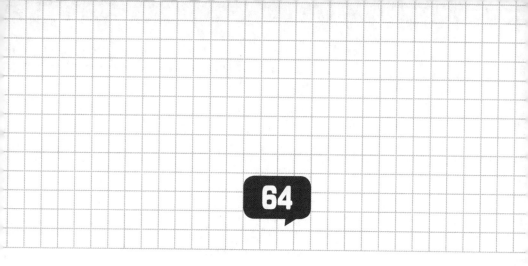

发现细微差别

我们越勤于用脑，就越能发现事物之间的细微差别，以及那些乍一看可能会忽略的相似之处。

我们要认识到，世界不是非黑即白，还有灰色地带。

比如，你可以想象一个非常熟悉的事物。想一想你现在对该事物的看法与你第一次接触时相比有什么不同。

我们可以通过大量的比较活动来培养学生发现细微差别的能力，在这些活动中他们可以分析各种不同事物之间的异同。

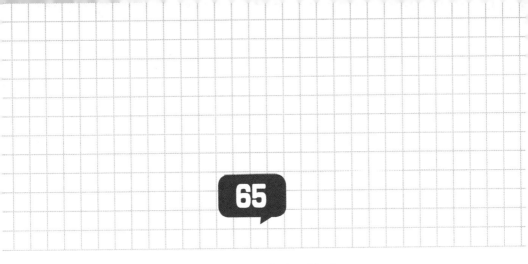

在说什么，在想什么

找到一张与课程主题相关的有趣图片，并且图片里至少有两个人。把图片打印出来，使其位于纸的中间，图片周围要留有足够的空白。

学生两人一组，给每组学生发一张，要求他们想象图片中的人在说什么或想什么。学生可以在图片周围的空白处写下自己的想法（如果学生有不同颜色的笔，可以用来区分他们的不同想法）。

学生写好答案之后，你可以邀请两人小组组成四人小组，不同小组互相分享他们的答案。

66

猜人物

你可以通过这个活动培养学生的创新性思维和推理预测能力。在刚上课时进行这一活动效果更佳。

你不需要告诉学生课程主题是什么，但要给他们一个与此相关的人物图像。然后问学生："这可能是谁？"

指着图片中能提供一些线索的一小部分，鼓励学生利用这些线索开始推理。随着时间的推移，你也可以进一步透露线索或给出隐晦的提示，以帮助学生确定人物身份。

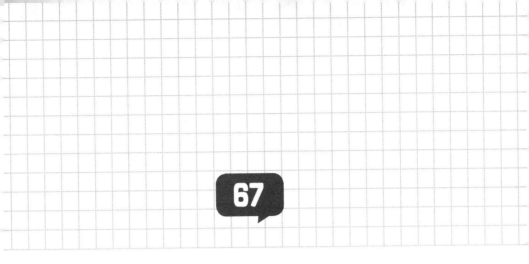

接下来会看到什么

这是另一个在课程开始时非常有效的活动，它同样结合了预判、猜测、想象和推理。

你可以通过PPT给学生展示一些图片，或者给他们播放一段视频，然后在关键时刻暂停。无论你选择哪种方式，都要让学生和搭档讨论接下来会看到什么样的图片或视频，并说出理由。

这个活动的重点不在于得到正确答案，而在于利用证据和推理进行证明的过程。

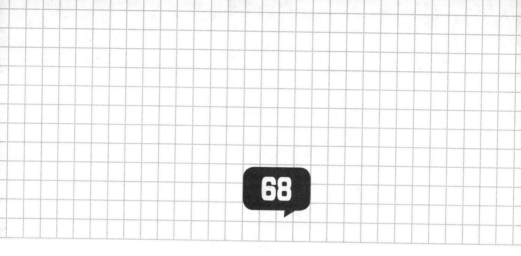

奇怪的声音

这一条建议可能有点奇怪，但请相信我，它非常有效！

给你的学生播放一些与课程主题有关的奇怪声音，至少一开始听起来很奇怪。要求学生与一位搭档讨论他们认为这些可能是什么声音。

为了让学生确认自己的想法，你可以重复播放。之后，请不同学生分享他们的想法，并说明理由。最后，揭示这些声音是如何产生的，并与学生讨论其意义。

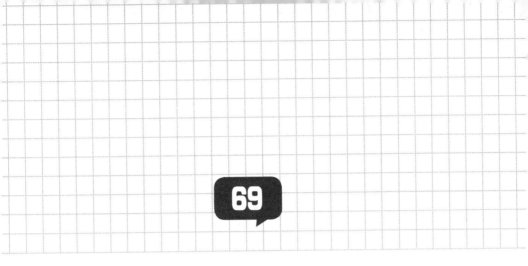

多米诺骨牌

这项活动非常有趣，你可以和全班学生一起进行。在这个活动中，学生必须认真思考与学习内容相关的各种想法。

制作一套多米诺骨牌，每个学生至少有一张。每张多米诺骨牌的一面有问题，一面有答案。下面重点来了（你猜到了吗）：把多米诺骨牌发给学生，然后全班同学按照顺序排列，将相应的问题和答案匹配起来。

在此过程中，学生会快速进入思考和讨论状态，有效地锻炼思维。

70

创建概念图

概念图可以将头脑中的联系可视化。你可以要求学生选择一个与正在学习的主题有关的重要概念，以这个概念为中心创建一张概念图，并在各个方向写上概念、人物、事件、案例研究和实例等。

你可以让学生给概念图加上注释和说明，同学之间互相比较，并随着时间的推移对其进行补充或改写。

整个过程有助于学生对正在学习的重要概念进行细致和批判性的思考。

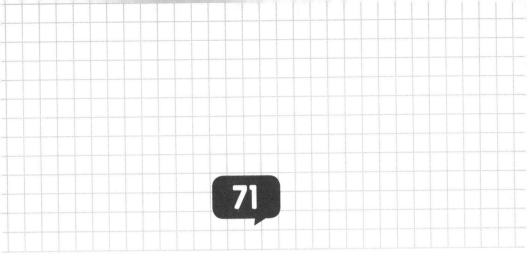

画出你的大脑

这是一个很简单的活动，可以在课程结束时使用。要求学生画出自己的大脑，并在里面列出本节课（或本单元）所学到的内容。

你可以提前准备好一些大脑的图片，以免有学生不会画图。可以在网络上搜索大脑模板，在那能找到大量免费的图片可供打印。

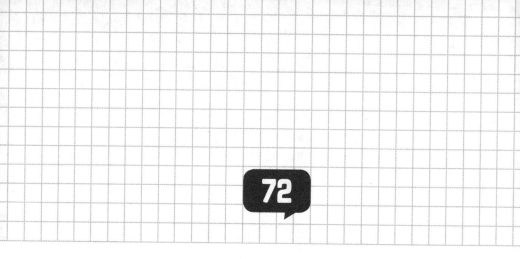

找不同

在白板上展示一组与学习内容相关的单词或短语，要求学生找出其中不同类的一项，并说明原因。

你可以让学生独立完成，或与搭档讨论，找出不同项。

有时答案很明显，但是这没必要！因为这项活动的意义就在于鼓励学生进行推理。只要学生提出并捍卫自己的想法，他们就会发挥聪明才智。

此外，你可以使用图片来代替文字。

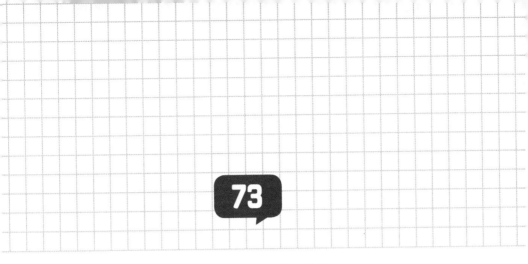

制作"学习菜谱"

请学生写一份"学习菜谱",概述他们在课堂上学到的知识。告诉学生从列出"食材清单"做起,然后写出一份类似于传统菜谱中有关制作方法的说明。

这个活动在一堂课或一个单元结束时进行会非常有效,因为它会让学生回顾他们掌握的知识点,在头脑中强化记忆。

74

哪一个更好

这是一个有趣的活动，你几乎可以在课堂上随时使用。

向学生介绍与课程主题相关的两个不同事物，并问他们："哪个更好？为什么？"

显然，当我们选择比较的内容是人或组织时，活动效果更佳。如果你想有点创意，你也可以选择比较观点或者无生命的事物。通过这个活动，你的学生会仔细思考并做出选择。

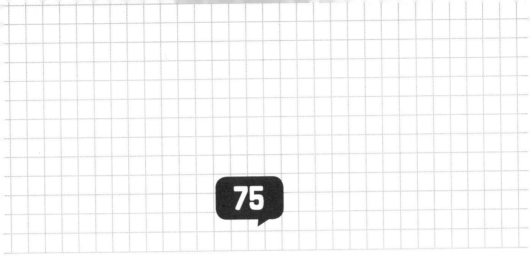

75

讲讲背后的故事

　　与他人交谈时，我们会讲各种各样的故事。讲故事是人类生活的基本组成部分。

　　你可以在课程中向学生展示一系列相互关联的图片并询问他们：图片背后的故事是什么？

　　让学生两人一组进行讨论，然后请他们分享和阐述自己的想法。

　　你也可以用这个活动引入某个具体的主题或观点，以故事作为桥梁，将抽象的想法或不常见的概念情境化。

76

无声交谈

　　把学生分成3人一组，分给每组一张很大的纸。说出你想要让学生讨论的观点或问题，并告诉他们要在一个无声的环境中交流自己的想法。

　　学生们需要轮流在纸上写下他们的想法，每个人写完之后将这张纸传递给小组的其他学生。而且，每一个学生提出的新观点都应该衔接前面学生写下的观点，对前面的观点作出回应。

　　接下来你可以让各组交换那张纸，然后分析和评价其他小组的同学所写的内容。

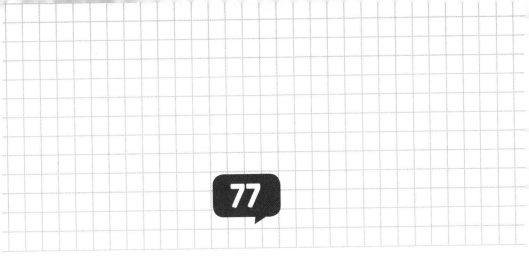

让学生独立完成任务

在可能的情况下，你要找机会引导学生独立完成任务，自己不要插手。比如，学生可能会问你一个问题，你会自然而然地回答并帮助他们。但或许你可以问问学生："你是怎么想的？你能不能试着回答一下？"

总的来说，你的目标是让学生学会独立。这样他们就会动脑更多，学到更多，慢慢地变得乐于思考与学习。

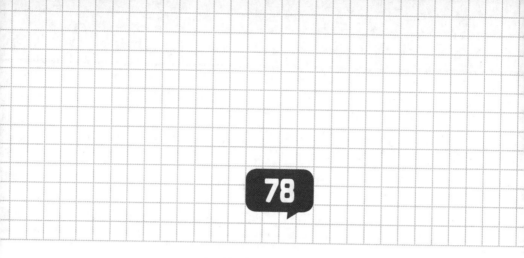

启发学生深度思考

有些问题会让你陷入沉思：

• 宇宙的本质是什么？

• 希望从何而来？

• 你能证明自由意志的存在吗？

提出这样启发学生深度思考的问题，可以让学生从昏昏欲睡中醒来，使他们对你教的主题和正在学习的内容产生绝妙的想法。

79

写出最佳问题

　　这是另一个激励学生思考的好方法。给全班学生每人一张纸条，让他们尽可能地写出最佳问题。这些问题可以与课程主题相关，也可以毫无关联。

　　你要向学生强调的是，好问题还不够，因此必须尽可能地提出"最佳问题"！

　　将所有学生写完的问题收集起来，然后随机选择一个问题读出来。这个问题应该会引发一些激烈的讨论，这样学生在讨论中就会进行充分思考。

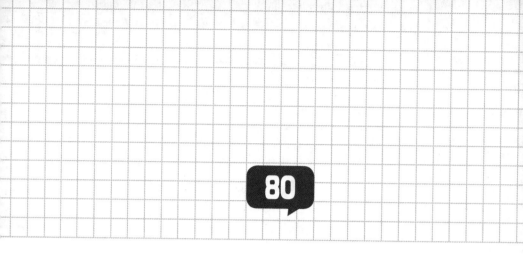

传递问题与答案

这项活动比其他活动稍微复杂一些，但很有趣，同时也有可能会使课堂秩序变得混乱。

让学生坐成一排，问最边上的学生一个问题，告诉他必须把这个问题传递下去，直到最后一位同学。

然后，学生们必须把他们的答案传递回来。每个学生都必须说出答案，但答案又要各不相同，也就是说每个学生必须依次记住并重复之前的所有答案，同时还要加上自己的答案。

最后，如果你想增加学生的紧张感，让活动变得更有趣，可以在各排学生间进行比赛。

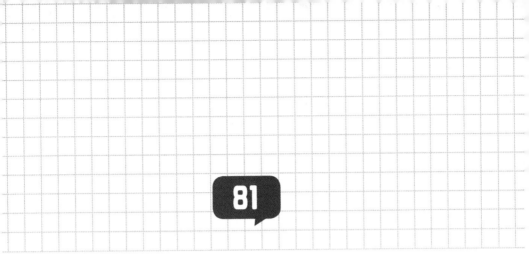

根据答案猜问题

这是一种让学生深入思考并运用大脑的简单方法。你可以展示给学生一个单词、句子、段落或短语，然后问他们："如果这是答案，那么问题是什么？"

根据答案猜问题是对常规的问答形式的颠覆，可以帮助学生巩固已经掌握的知识，锻炼学生的推理能力。因此，教师可以经常使用这一举措来突破传统的教学模式，激发学生进行深入思考。

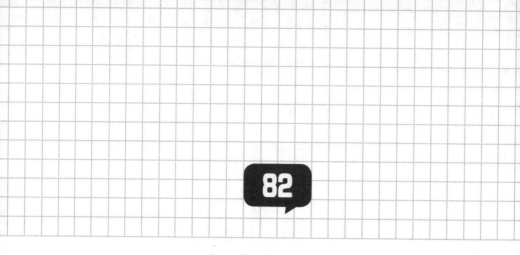

引导学生学会反思

反思是有效思考和巧妙运用大脑的一个重要方法，可以帮助我们意识到自己的思维过程以及学习过程中的优势和局限。

为了不断进步，学生需要自我反思，学会质疑，完善自己的成果。你可以给学生提一些问题，并要求他们全部回答，或者选出两三个问题来重点讨论。以下是一些示例问题：

- 怎样使这项任务完成得更好？
- 我在哪些方面付出了巨大努力？结果如何？
- 我是如何解决问题的？
- 如果其他人做这项工作，他们可能会有什么不同的做法？
- 为什么这次我没能做到最好？下次我需要如何改进？

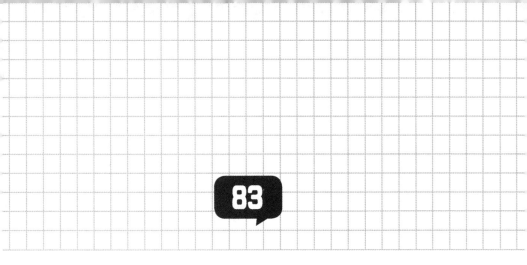

思维工具

这是一些思维工具，可以帮助学生条理清楚地思考。比如：

- 清单

- 草纸

- 表格

- 图表

- 字典

鼓励学生在遇到困难时使用各种思维工具，它们将帮助学生更好地运用大脑，并让他们在解决问题时思路更清晰。学生可以在未来的课程中反复使用这些工具。

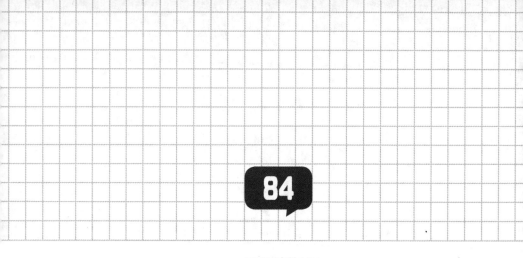

巧用错误

给学生展示一些错误的答案，并要求他们说出为什么是错误的。
比如：

- 3+8 = 12

- 钾是一种惰性元素

- 散文中不应该分段

你可以接着让学生说出自己的错误答案，然后让他们的同学来解释。

限制字数

如果有字数限制，那么学生就必须更认真地思考所要表达的内容。这既适用于口头任务，也适用于书面任务。因此，你可以在各种任务中为学生设定字数限制，比如：

- 口头回答问题
- 书面回答问题
- 制作海报
- 写故事
- 讨论活动（学生需要按照规定的字数来发表观点，超过就失去发言机会）

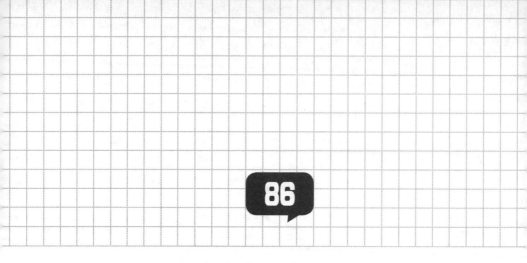

要求学生更精准地表达

　　要求学生重写他们的作业或重新讲述他们说过的话，但这次要用更少的词来表达相同的意思。这是一项艰巨的任务，学生必须认真思考才能完成。

　　精炼、准确地表达有助于促进学生思维的发展，让他们的观点更具有说服力。无论是写一篇文章还是口头表达自己的看法，要求学生更精准地表达可以引导学生深入思考之后再作答，避免表达缺乏逻辑性、含糊不清等问题。

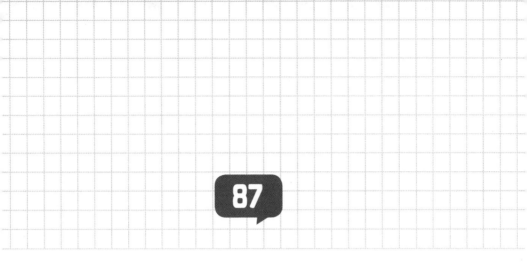

设计涂鸦作品

这项活动非常有意思，你可以在课程结束时进行。它很可能会让学生精神振奋、激发他们对课堂的热情。

首先，在白板上展示一些涂鸦艺术家的涂鸦作品。你可以在网上找到很多例子，包括那些在艺术馆里展出的著名涂鸦艺术家的作品。

其次，让学生设计一个涂鸦作品，象征他们在这节课学习的知识点，告诉他们必须向其他同学解释他们的选择和设计。

最后，让学生展示并相互评价他们的作品。

88

使用非语言信息解释观点

要求你的学生在不使用任何语言的情况下解释一个与课程主题相关的观点。这可能非常困难，但一定会让学生勤思考、勤动脑！

如果你想提供一些帮助，可以给学生列出无需言语也可以交换信息的方式：

- 通过符号
- 通过图像
- 通过哑剧
- 通过模型
- 通过图表
- 通过手势

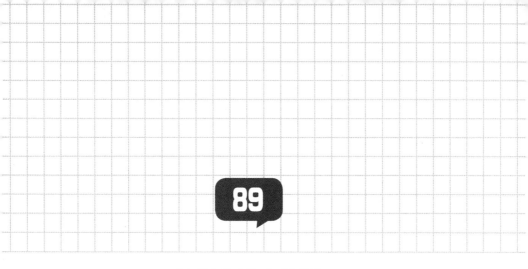

让学生讲个笑话

你可以让学生想出一些与学习内容有关的笑话，唤醒他们身上的幽默细胞。

想出一个好的笑话其实不太容易，需要仔细思考，反复尝试，猜测他人可能的反应，并充分了解所谈论的话题。

试试这个方法，让你的学生想一个笑话，并试着讲讲。或许这些学生能收获几个人的笑容呢！

第三章

打造精彩活动，
引导学生深度合作

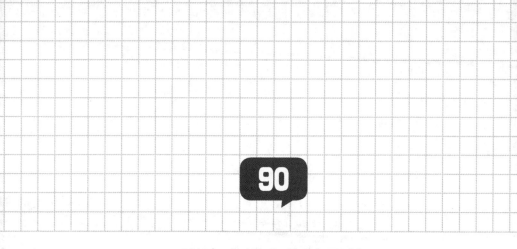

明确小组合作的目的

这是你要问自己的第一个问题：为什么要进行小组合作。如果你知道答案，就表示你已经明确了小组合作的目的，你可以以此为视角来备课、教学和评估学生。

以下是进行小组合作的原因：

• 促进学生间的积极互动。

• 通过学生参与促进自主学习。

• 为学生提供合作机会。

• 使课程形式丰富多样。

• 让学生获得更多的知识和更大的进步。

当然，原因也不止上述这些。你开展小组活动的理由可能有很多，并非只有一个。

无论出于什么原因，只要能够明确小组合作的目的，你就会处于一个非常有利的位置，能够有效地备课、教学和评估学生。

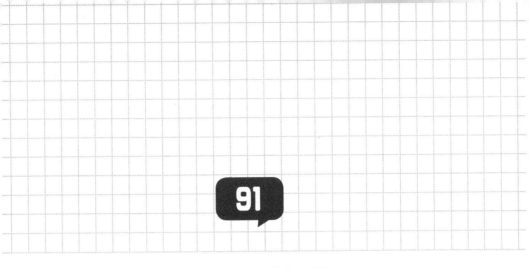

从周密的计划开始

出色的小组活动以周密的计划为前提。为实现学生间的良好互动，你首先需要思考如何组织和管理小组活动。

计划是为未来做准备。当机会到来时，提前做好准备会更容易取得成功。当然，即使是世界上最周密的计划也可能落空，但相比毫无规划，按计划行事总归是更好的选择，尤其是在小组活动中。

小组活动可能会出现一些问题，而这些问题在其他类型的活动中可能不会如此突出。

在接下来的几条建议中，我会以实用性贯穿始终，先介绍计划的重要方面，然后再介绍小组活动的重要要素。

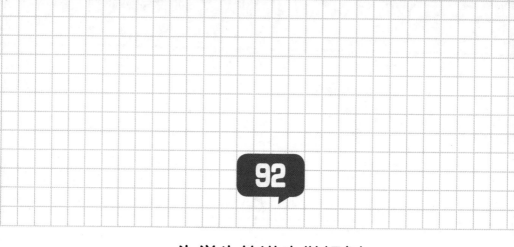

为学生的进步做规划

作为教师，我们所做的一切都是为了让学生取得进步。学生进步了，意味着他们努力学习了，如果学生没有进步，就说明他们可能遇到一些问题，需要我们去处理。

在设计小组活动时，你有必要为学生的进步做规划。这将使你能够确保小组活动取得成功，并逐步实现培养出色学习者的目标。你可以通过各种方式来为学生的进步做规划，比如：

- 明确小组活动的目标。
- 明确评价目标是否实现的方法。
- 考虑如何在小组活动中评价个人和小组的进步。
- 明确任务的成功标准。
- 说明你希望学生从小组活动中得到什么（可能包括知识和技能两个方面）。

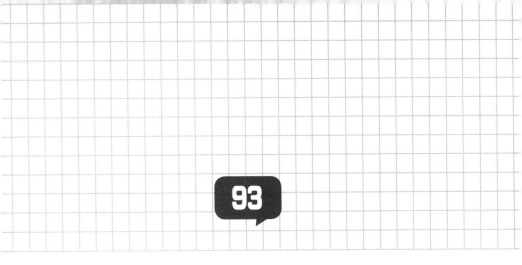

为问题做规划

乍一看这可能会有点奇怪。毕竟，为什么要为问题做规划呢？

事实上，这一规划既是为了避免问题的产生，也是为了处理和解决问题，因为总有一些事情是我们无法控制的，比如，学生对课程的态度、完成任务的方式，以及学习速度。

因此，为了小组活动能顺利且出色地完成，我们必须努力预见潜在问题，并提前规划好处理方法。

这种方法不仅在开展小组活动时十分有效，而且也可以应用于生活中的各个方面。

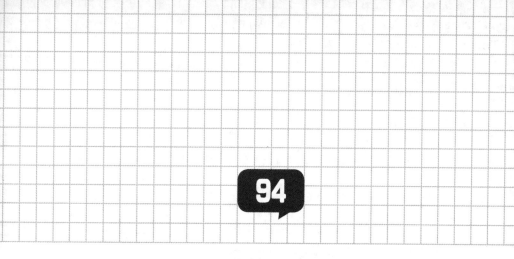

为自我做规划

我们最后的规划是为自我做规划，也就是说，我们应该在计划小组活动时考虑到我们想要实现的目标。比如，我们需要考虑以下问题：

- 是否每个小组都能参与到活动中来？
- 是否可以保证每个人都能够取得最大进步？
- 为了最大限度地利用时间，如何安排小组活动？
- 如何了解各个小组的进度？
- 如果出现问题，我们该怎么做？

你在小组活动中的作用很容易被忽视，因此有必要在计划过程中充分考虑如何发挥自己的作用。

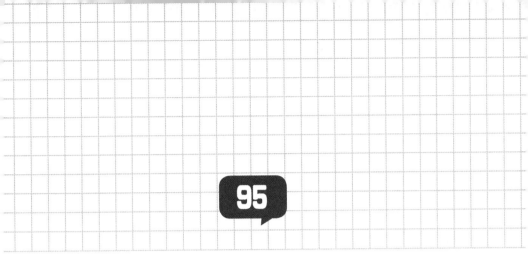

利用资料

资料是小组活动的重要要素之一，几乎所有的小组活动都涉及资料的使用。

毫无疑问，组织出色的小组活动要求教师拥有精心整理的高质量资料。这些资料要巧妙设计，不仅要满足任务的需要，还要满足小组成员的需求。而且，你应该在上课前把它们打印出来，准备好随时使用。

但是，我也想提醒你一下，提供过多资料可能会让小组成员不堪重负，我见过太多这样的案例。我建议你每次都自问：减少一些资料会不会更易于开展小组活动？如果答案是肯定的，就不必给他们提供太多。

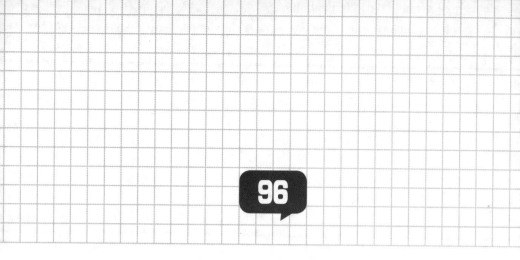

创建任务清单

这是帮助学生顺利完成小组活动的好方法，并能使他们在活动中取得显著的进步。

在确定小组任务后，创建一个任务清单，包含每个小组需要完成的各项子任务，以帮助学生达成目标。

然后你可以在小组活动中使用这份清单，可以在白板上展示，也可以打印出来分发给各个小组。学生们可以根据清单展开活动，并且清楚地知道这有助于顺利完成更多任务。

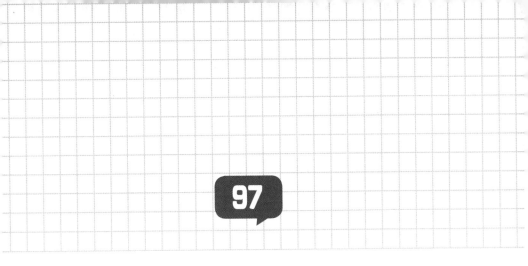

讲解具体流程

小组活动往往会涉及学生在其他活动中不会遇到的各种环节，包括：

• 进入小组

• 与其他学生合作

• 进行分工

• 参与时间管理

• 担任不同角色

我们可能会认为，学生自己就会知道如何去做。但如果一些学生不知道呢？这些不知道的学生往往会很难融入到小组活动中。因此，讲解清楚活动的具体流程更为可取。这样，学生就能准确地了解你对他们的要求，如何满足这些要求，以及如何高效地完成小组任务。

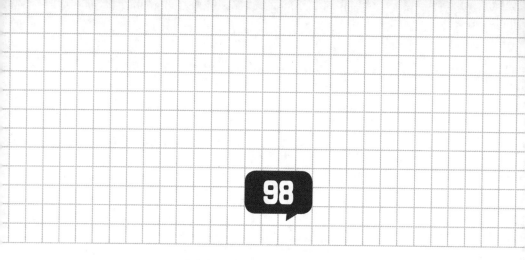

选择合适的小组规模

现在我们来看看小组活动的基本要素：小组规模。

人们普遍认为，3人或4人一组较好。原因如下：

首先，小组人数越多，学生就越容易懒散，一些学生会袖手旁观，让其他同学完成所有的工作。其次，小组人数越多，大家就越难有参与感。最后，小组人数越多，老师就越难管理。

因此，我们最好选择3人一组或4人一组。

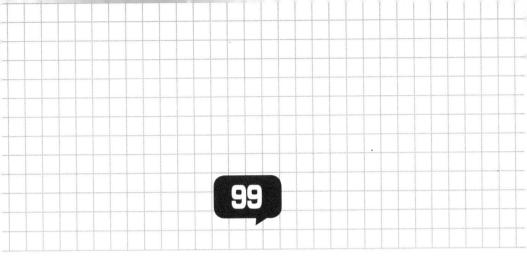

设定时间限制

如果你认为学生在小组活动中很难集中注意力，那么就有必要为他们设定时间限制。

有些学生常常犹豫不定，缺乏行动力；有些学生可能在一个任务上花了太多时间，而忽略了另一个任务。

设定时间限制可以使学生清楚地知道他们需要做什么，以及需要在多长时间内完成任务。

你可以为某个子任务、整个小组活动或某些小组设定时间限制。如果你专门为某些小组设定时间限制，就会帮助那些在时间管理方面有困难的学生，同时，你也不会改变班上其他同学的学习状态。

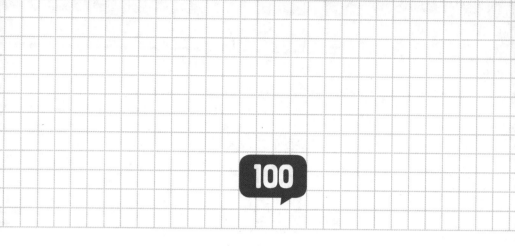

利用数据分组

在接下来的几条建议中，我将介绍如何分组。

利用数据分组是小组分组方式之一。我们所说的数据是指你所掌握的信息，比如：学生的成绩、出勤率、行为问题等。在大多数学校，所有这些信息都可以通过数据库或纸质文件加以整理和存储。

你可以利用这些数据来进行分组，而且往往在刚开学时最有用，尤其是当你还不太了解你的学生时。除了分组，在其他的教学环节中，上述数据也十分有用。

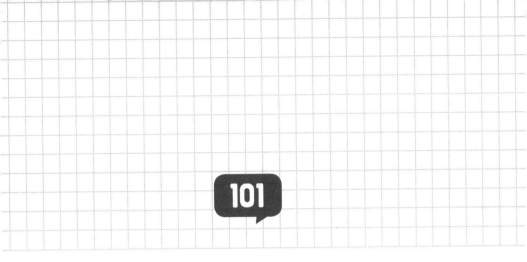

随机分组的3种方法

有时你可以随机分组。以下是你可以使用的3种简单方法：

• 确定小组数量，然后按照随机的编号分组。比如，如果你想在一个15人的班级中设立5个3人小组，可以让每个学生从1~15中选择一个数字作为编号（不能重复），最后按编号顺序3人一组。

• 要求学生根据一些标准（如年龄或鞋码）来排队，老师从前往后分组。

• 按照学生随机抽取的卡片分组。先确定小组数量及人数，比如，5组，每组3人。把不同颜色的卡片剪成正方形，每种颜色的卡片数量相同（本例中为3个红色、3个绿色、3个蓝色、3个黄色和3个橙色）。将这些卡片放在一个袋子里，让学生随机抽取，抽到相同颜色的学生组成一组。

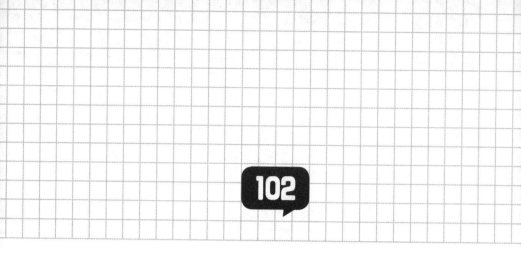

不断完善分组

　　随着活动的开展，你可能会意识到你需要调整分组。你也许会很快意识到这一点或者过了很长时间之后才意识到。

　　在任何情况下，需要调整分组的信号都一样。那就是你不能让问题变得更严重，要准备好迅速且自信地完善你的分组。这会让学生明确地知道，小组活动的目标是完成学习任务，小组里的每一个成员都必须始终服从于这个目标。

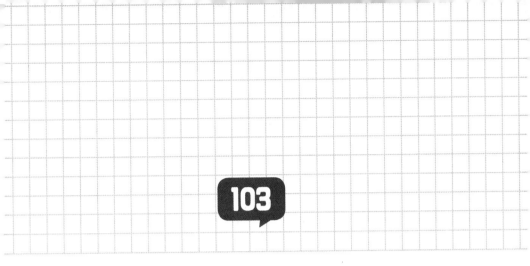

按照你的目标来分组

另一种分组的方法是参照你设定的具体目标来分组。这些目标包括：

• 想让某些学生一起合作。

• 想营造一种特定的教学氛围。

• 想给某些学生更多帮助。

• 想改善某些学生的不良行为。

• 想避免某些关系好的学生在一组（这容易导致组内学生脱离任务）。

如果你能确定想要实现的具体目标，就可将其作为一种分组的依据。但请记住，随着时间的推移，你划分的小组可能无法使这一目标得以实现。因此，你可能接下来需要对分组进行调整，以确保目标的达成。

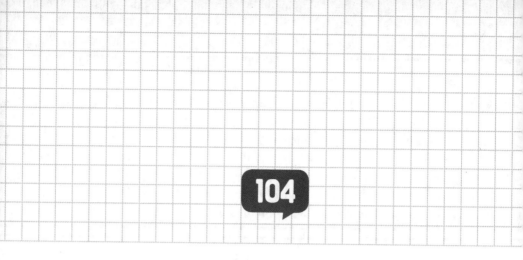

混合分组法

　　我在这里所说的混合分组法是指教师在分组时不考虑学生的成绩情况，每个小组里的学生成绩水平可能相距甚远。

　　通常情况下，是否按照学生的成绩分组取决于教师自己的想法。你需要明确你是喜欢按照成绩分组，还是认为采用混合分组法更合适。

　　就个人而言，我会根据实际情况选择。我一般会采用混合分组法，但是在某些情况下会改为按成绩分组。归根结底，分组方式并不固定。你需要根据学生的实际情况和你对他们的要求来进行选择。

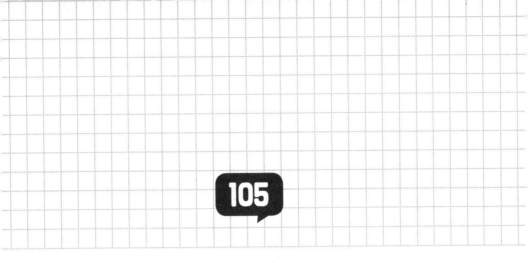

提升小组活动吸引力

提升小组活动吸引力有利于提高学生的参与度，鼓励他们更积极高效地完成小组任务。

你可以采取一些具体的措施来提升小组活动吸引力，例如布置秘密任务。秘密任务往往会让学生感到很兴奋，有助于激励学生，使课堂产生一种与往日不同的积极氛围，为平淡的课程增添一抹色彩。

我们可以打印出小组任务的说明，并将它们放入封面写有"秘密任务"的棕色信封中。将这些信封分发给各个小组，充分渲染神秘的气氛，你应该很快就能收获良好的活动效果。

通过让不同的小组完成不同的秘密任务，你可以继续展开这项活动。

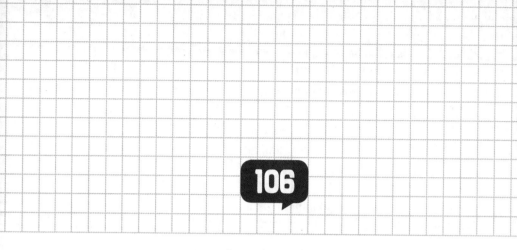

引入竞争机制

在小组活动中引入竞争机制通常会产生积极效果，但并非总是如此，因此你需要实时监测学生的状态。你会发现，有些学生可以积极应对竞争，而有些学生可能会因为竞争而出现抵制情绪。

我们可以以多种形式引入竞争机制，比如：

• 为小组任务设定时间限制，使小组活动成为一场比赛，看看哪个小组可以率先完成。

• 设定一个目标，看看哪个小组可以率先实现。

• 设定一系列标准，要求每组必须达到，然后评选出哪个小组完成得最好。

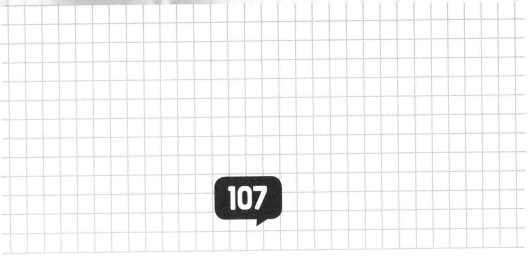

以结果为导向

这是一种逆向思维，也就是说我们可以从结果出发，从后往前制定计划。

首先问问自己希望小组取得什么成果。然后，牢记这一点，一步一步地制定小组活动计划。这个过程让你有机会明确学生需要完成的任务，使所有小组都能取得有效的成果。

比如，你决定让各小组制作一份报告，介绍亨利八世的一位妻子。从这一点出发，你可以制定一份每个小组需要完成的子任务清单，帮助学生完成报告。

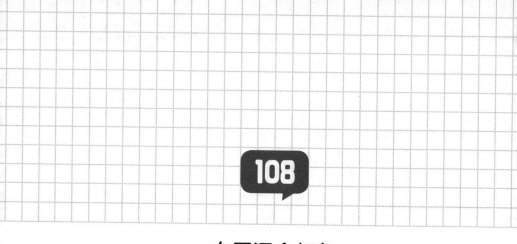

布置混合任务

布置混合任务是鼓励学生积极参与小组活动的一个好方法。对学生来说，各种独立的任务组合在一起，形成一个总任务。比如：

小组活动：

设计一份介绍风力发电站优点的宣传册。

子任务：

• 研究风力发电站的优点。

• 设计有吸引力的宣传册。

• 设计互动元素，如游戏或问答。

• 编写宣传册不同部分的文案。

• 使用图片和图表对宣传册主题进行说明。

你会注意到，这是一个混合任务，包含研究、设计、写作和图解。混合任务全方位锻炼学生的学习能力，可以在适当的时候发挥学生的优势。从本质上讲，这也使学生成功完成总任务的可能性最大化，从而带来显著的学习效果。

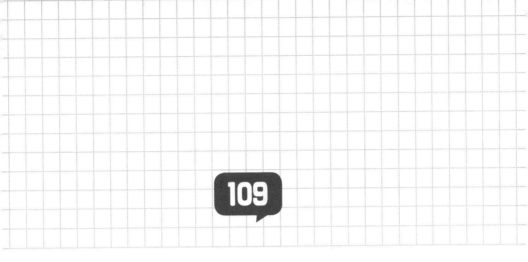

派出代表

这是一个经典的小组活动，你可以在任何学科、任何年龄段中进行。活动流程如下：

将全班分成若干小组，给每个小组分配一个课程主题，告诉他们必须认真研究各自的主题，成为"专家"。你需要给出时间限制，并提供必要的资料。

时间一到，请每个小组选出一位代表。他们起身离开小组，在教室内按顺时针方向走到其他小组，将本组研究的内容教给其他组同学。最终全班同学都能够了解其他小组研究的主题。此外，你有必要给学生一份主题清单，这样他们就能够明确知道需要掌握哪些知识点。

110

摆摊兜售"知识"

　　将全班分成若干小组，为每个小组布置一个不一样的需要解答的问题。同时，你需要提供资料，并设置时间限制。各组必须在规定时间内完成任务。

　　时间到了之后，告诉学生可以在教室里交流自己的想法。每个小组设立自己的摊位，向其他同学兜售他们的"学习成果"。

　　市场建立起来后，各小组决定哪些成员留在摊位上，哪些成员去参观其他摊位。离开的学生在其他小组的摊位附近，与其他小组的成员交易"知识"。这样，班上所有同学就都能够学习并掌握不一样的知识点。

演示学习成果

演示是一项常见的小组任务，学生相互合作，通过PPT总结任务的完成情况，就学习成果上台进行演示。

你可以通过以下方法使其更加有效：

• 明确任务的成功标准，说明PPT应包含的内容。

• 让学生在演示前进行充分的排练和完善要汇报的内容（为学生留出*特定的时间*）。

• 要求学生总结出汇报内容的重点。

• 为学生展示优秀和糟糕的演示技巧。

• 为了学生成功进行演示，提供需要完成哪些子任务的细目。

112

拼组活动

　　将全班分成4人一组，小组学生自己从1~4中选择一个数字。你需要在黑板上写出4个数字对应的任务，所有这些任务都应与课程的主题相关。每组学生负责完成与他们所选数字对应的任务。

　　之后，原来的小组解散，全班基于学生选择的数字形成新的小组。

　　所有选择数字"1"的学生组成一组，选择数字"2"的学生组成一组，依此类推。然后，新的小组用一定的时间来完成新任务（如果有的小组学生很多，你可以继续划分）。

　　经过多次实践后，学生们回到原来的小组，轮流分享他们所学到的知识。这样，每个人都了解并知道如何解决所有的任务。

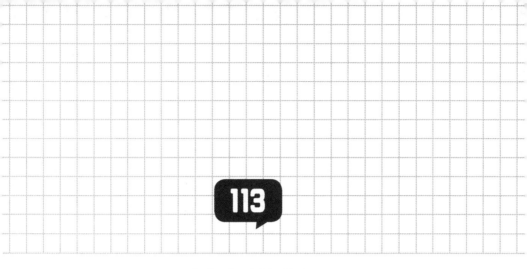

有组织的讨论

讨论是小组工作的良好基础。有效的讨论通常以出色的组织为前提，如果没有出色的组织，讨论就有可能沦为纯粹的聊天、偏离正题或缺乏深度，小组活动无法取得进展。

你可以通过以下5种方式组织小组讨论：

- 提出一系列需要依次讨论的问题。
- 安排一个小组成员来记录讨论的内容。
- 任命组长，监督小组成员别跑题。
- 给出一些提示，帮助小组成员展开讨论。
- 将任务细化，并为每个子任务设定明确的时间限制。

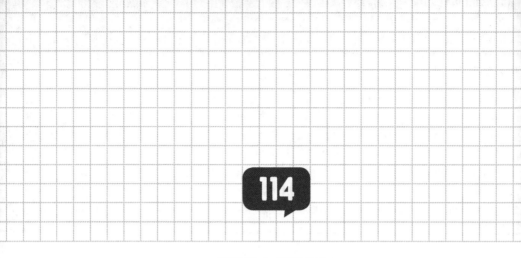

开展小型活动

恰当的节奏和学生的动力在任何课程中都很重要。同样，这在小组活动中更是发挥着重要作用。

在小组活动中，保持恰当的节奏和激发学生的动力的一个好方法就是开展一系列大概5~7分钟的小型活动。一个一个告诉学生（不要一开始就说出所有的活动）。每开始一个新活动，学生们都要迅速思考并全力以赴地完成手头的任务。

对于一个缺乏活力的班级来说，三四个与课程主题相关的小型活动往往比一个大型的、持续时间长的活动更能让学生感觉有动力。

你需要确保每一个小型活动都比上一个更具有挑战性，以此来保证整个任务能持续进行。

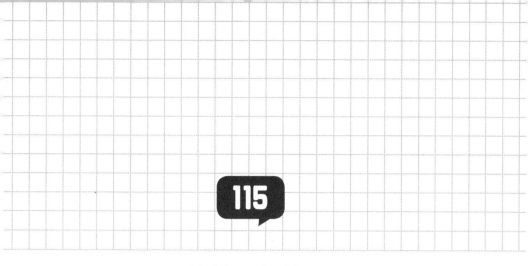

115

控制活动时长

　　控制小组活动的时长是至关重要的。通过控制活动时长，你会发现自己能够组织好任何活动，并尽可能高效地开展小组活动。

　　一个常见的错误是设置固定时间，然后一味坚持。这种做法有问题，因为没有考虑到不断变化的外部环境和学生的状态。比如说，如果学生明显很难完成你布置的任务，那么你就有必要多给他们一些时间。

　　同样，如果你发现给学生完成小组任务的时间过多，那就需要重新安排活动时长。

　　小组活动期间，你要不断监测学生的进展，以此判断时间安排是否合理。

116

与各组沟通

与班上的不同小组沟通有助于学生专注于任务。想想如果你不和各组沟通会怎么样——你就不知道他们在做什么！

因此，在小组活动中，教师与小组成员的定期沟通是重要的组成部分。沟通的目的包括：

- 确定小组进度。

- 告诉他们应该做到哪一步或者下一步需要做什么。

- 提出问题并促进学生思考。

- 帮助各组解决问题和困难。

- 解释相关要求。

在教室巡视

在学生做任务时，你可以在教室里来回走动，这样你就有机会监督、观察、提问、提供帮助和了解情况。

比如，当你注意到某个小组在开展任务时遇到困难，那么你就可以给予密切关注和支持。

在小组活动中，巡视是确保学生专注于任务的好方法，同时也是一个倾听学生们正在进行的讨论的绝佳机会。学生的讨论通常非常具有启发性，让你能够清楚地了解他们是如何思考问题的（包括他们可能会产生的任何误解）。

118

表明你的预期

任务不清晰，小组活动就不能完成得很好。不知道自己需要做什么的学生更有可能放弃任务，与小组成员闲聊或很难取得进步。

在小组活动开始前表明你对大家的预期会有以下3方面好处：

首先，这会让学生有明确的目标感。他们能准确知道自己应该做什么以及这样做的原因。

其次，这会给学生参考点，供他们在活动过程中进行参照。因此，如果某个小组偏离了活动主题，你可以重新提示他们任务开始时你表明的预期。

最后，学生能够在完成任务时根据教师的预期衡量自己是否取得了进步，从而规范学习方法。

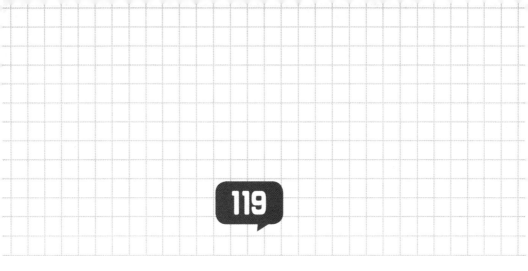

并非人人都能一起合作

开展小组活动时，一些小组难以产生团队效应。原因有时候很明显，有时候几乎无从得知。

此时，你可以假设并非人人都能一起合作。否则，当学生合作之后却不能产生你想要的效果时，你可能会很沮丧或恼火。

记住这个前提会帮助你解决团队不合的问题，也会让你意识到你可能需要重新分组，有时甚至还需要立刻执行。如果学生之间出现不能一起合作的情况，那么你就要尽快作出调整。

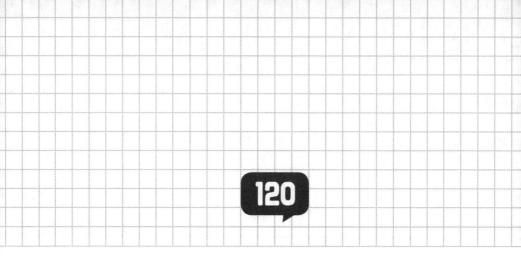

准备拓展任务

在开展小组活动时，你也需要准备一些拓展任务。

肯定会有一些小组比其他小组先完成任务。这可能是因为他们更有能力，速度更快，或者出于某种其他原因，他们能更容易地掌握学习内容。

无论什么原因使得某个小组先完成任务，你都可以提前准备拓展任务，以此作为对该小组的挑战，包括提出下一个任务、要解决的问题或要求学生进行反思。通过完成这些拓展任务，学生要思考他们做了什么，以及怎样才能够做得更好。

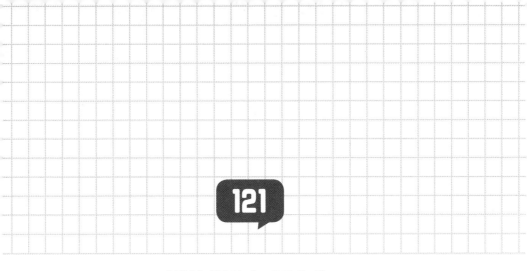

训练学生如何合作

我在第97条建议中谈到了给学生讲解具体流程的好处。现在，我们在略有不同的语境下重新讨论这个话题。

教学生如何进行小组合作是为了最大限度地让学生积极有效地参与到布置的任务中。你可以通过训练学生如何合作，使他们养成一些有助于实现这一目标的习惯和行为方式。

比如，你可以花一整节课让学生重复实践小组合作的各个环节（进入小组、分配任务、参与时间管理等），这是为了让学生能更快速地融入到之后的小组活动中。

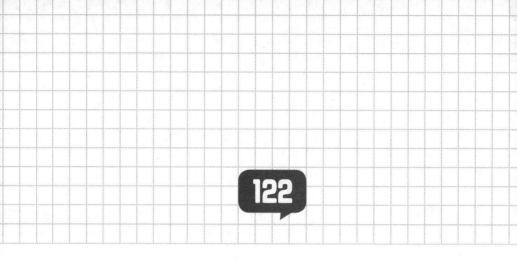

综观全局

　　小组合作的风险之一是你容易被个别小组所吸引，所以看不到整体情况，这很正常。你希望学生们能成功完成任务，所以总是密切关注一个需要帮助的小组。

　　但是，你的最终目标是要让尽可能多的学生取得最大的进步。因此，你需要敏锐地观察整个班级，要不然你怎么能知道是不是每个人都在学习呢？

　　所以，在小组活动中提醒自己综观全局。这样可以让你看到整个班级的情况，从而帮助你确保每个人都在全神贯注地学习并积极参与小组活动。

明确分工

如果一个小组没有明确的分工，那这个小组的成员可能会感到迷茫、没有目标，继而导致无法完成任务。如果发生这种情况，小组合作对这些学生就失去了教育意义。

有许多方法可以确保所有小组成员都有明确的分工：

• 每组3名或4名学生，小组成员不必过多，因为这样可以避免学生在活动中浑水摸鱼，无事可做。

• 分配给小组成员特定的角色，如领导者、计时员、抄写员、气氛担当、唱反调的人等。每个不同的角色需要完成不同的对应任务。

• 在活动开始时询问每个小组的成员，让他们告诉你各自的分工。

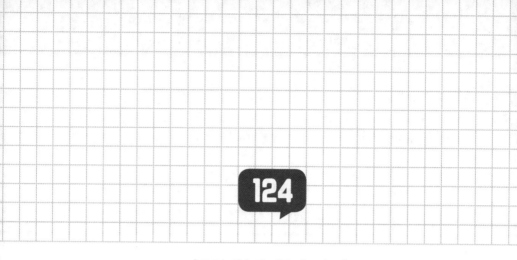

帮助学生做出决定

如果一个小组需要很长时间决定如何完成任务或安排分工，你可能需要介入。

有时我们发现学生很难做出决定。并不只有年轻人这样，有些成年人也有同样的问题。原因通常是错综复杂的，包括受社会规范、行为准则以及自身惰性等影响。

如果你发现一个小组的任务没有进展，那就需要介入，代替小组成员做出决定，推动他们继续完成任务。

你可以这样开场："你们有两分钟的时间来做决定。如果时间到了还没想好，我会替你们选择。"在你做决定之前，你需要给学生一个机会。

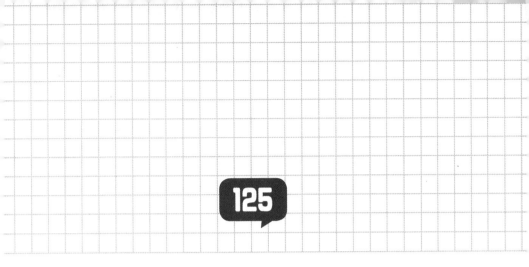

明确成功标准的重要性

到目前为止，我们已经多次提到成功标准。因为它会对小组合作的成功与否产生巨大影响，所以应该单独列一条来强调其重要性。

成功标准定义了什么是好的（同时也定义了什么是不好的）。因此，它向学生传达了一条明确的信息，即学生如果想要成功完成小组任务，需要做什么。这样能最大限度地减少歧义、消除模糊、明确任务，帮助学生准确理解教师的要求。此外，成功标准是学生在活动过程中进行自我调节的参考因素。

了解并告知怎样算进步

如果你了解怎样算进步，那么你就可以告诉学生他们需要做什么才能取得进步，帮助学生明确学习目标。

在小组合作中，进步通常包括学生在技能和知识这两方面取得的进步。这两者的比重因任务而异。

在开始小组活动之前，问问自己：对学生来说，怎样才算有所进步？明确这一点之后，你需要准确地告知学生。反复这样做，学生应该会在学习上收获显著。

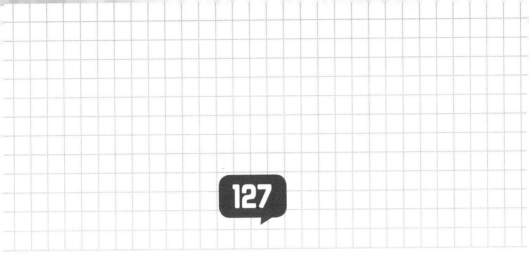

学生互评

这种方法在所有学科教学中都值得一用。教师公布衡量任务成功的标准，学生互评，对其他同学给出客观评价，这有利于培养学生的批判性思维。

就小组合作而言，学生互评指的是学生可以用教师制定的成功标准来评价不同小组的成果。

下面是一个很好的示例：老师给了每个小组几张便利贴。学生们把小组成果放置在书桌上，离开座位，去看其他小组的成果，然后用便利贴留下对同学的评价。当他们重新回到自己的座位上时，同样也会收到其他同学的评价。

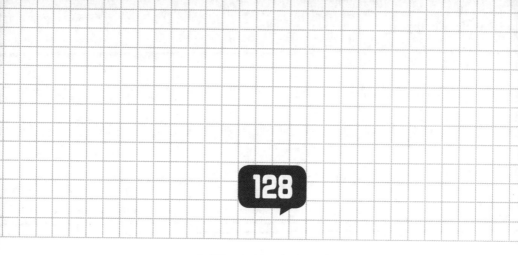

定期更换小组成员

随着时间的推移，有效率的小组具备良好的合作氛围，小组成员在积极参与小组活动的过程中会更加了解彼此，也知道如何一起顺利完成任务。

但是与此同时，固定的小组成员可能使学生丧失新鲜感。学生会感到枯燥乏味，已经非常熟悉的小组合作模式与固定的成员难以让他们的大脑持续保持活跃。

因此，小组成员应该定期更换。很简单，你可以在更换小组成员之后，隔一段时间再换回来，还可以制定小组成员更换的周期（这样做的结果是，学生们会把小组活动看作一段可以与任何人一起合作的时光）。

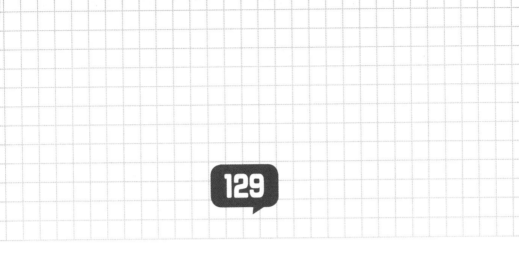

将学生移出小组

在小组活动中，教师不会掌控每件事情。如果教师掌控了每一件事，小组活动就会受到限制，效率就不会很高。

如果教师完全放任不管，毫不干预，小组中就更可能出现不受欢迎或脱离任务的行为。我并不是说一定会出现这种情况，但至少可能性会变大。

小组合作和其他任何教学方式一样，如果学生没达到你的期望，你就需要冷静、自信地进行处理。关注学生的表现，及时制止学生的不良行为。告诉他们，如果他们消极被动地应付小组活动，那么他们很可能会被移出小组，不能再参与其中。

如果做出了这样的选择，请坚持到底。取消这类学生的小组活动，给他们安排一些独立的任务来做。

还需要明确的是：小组合作需要专注学习这样的积极行为，否则就会出现问题。

关注细节

关注细节有助于提高小组活动的效率。比如，你可能要点名批评不听其他小组成员说话的学生（他们可能在自说自话或者忽略其他成员的意见）。你需要提醒学生注意这一点，希望他们能做出改变，把问题扼杀在萌芽状态，以免问题更严重。

这种防微杜渐的做法同样适用于小组合作的各个方面。

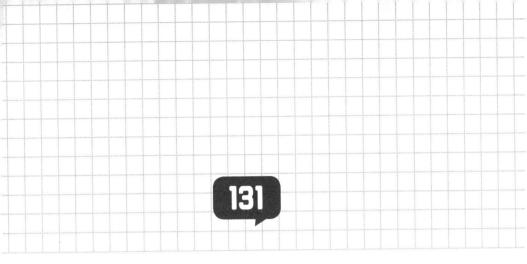

明确进展

如果你发现很难观察小组活动的进展，可以尝试以下5种简单方法：

• 要求小组在指定的时间段向你汇报最新进展。

• 每隔5~10分钟在小组间巡视，让每个人告诉你他们的进展。

• 任命小组组长，让他们随时向你汇报进展。

• 告知学生应该完成的任务，要求他们用拇指表示完成情况。如果小组做到或超前完成就集体竖起拇指；如果没做到，就倒竖拇指。

• 分发任务清单。要求各组学生完成清单上的任务后在任务旁边打钩，并将清单放在书桌上让老师检查。当你在班级巡视时，记下每组完成了哪些任务。

132

调解冲突

有时学生免不了会争吵，所以小组活动也可能会产生冲突，当学生不能妥善处理分歧时尤其如此。

在这种情况下，你应该采取一些调解措施：及早干预，防止问题更严重；保持冷静、积极果断地处理问题；跟学生说清楚他们需要做什么，否则会有什么后果。

给学生化解冲突的机会。如果他们不这样做，你需要再次干预。在适当的情况下，你可以在课后找相关学生谈话，让他们明白为什么这么做不对，以及如何避免这种情况再次发生。

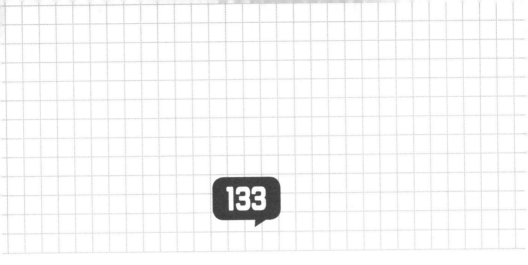

提供处理分歧的方法

一些学生缺乏妥善处理分歧的能力，因此你可以给学生提供处理分歧的步骤。只要小组活动中出现了冲突，学生就可以使用这个万能方法。告诉学生这些步骤，提醒学生要怎么做。你还可以将具体的步骤打印出来，贴在教室的墙上。

以下是具体的步骤示例：

第一步：轮流发言。

第二步：在没有轮到你发言的时候仔细倾听其他人的发言。

第三步：提醒自己牢记活动目标。

第四步：确定每个人的想法是否有助于实现目标。

第五步：制定一个所有人都同意的折中方案。

134

示范正向的互动

如果你不仅能在小组活动中，也能在课堂上建立正向的互动模式，那么你将会为你的学生树立一个优秀的榜样。如果他们的互动模式不合理，那么你可以做示范，供他们参考并模仿。你还可以向所有学生表达你对他们的高期待，告诉他们做什么才能成功地完成小组任务。

不要害怕你做的事情会引起学生的注意，有时学生就是需要别人把事情讲得清清楚楚。所以，你可以告诉他们你在进行积极正向的互动，反复强调这种互动对每个人的好处。

第四章

实现卓越教学，
促进学生深度学习

135

做好教学计划

计划是卓越教学的核心。如果计划得当，并考虑到学生的需求，你将更有可能实现卓越教学。

充足的准备可以让你在激烈的竞争中避免失败，获得成功。不仅在教学中，其他任何行业都是如此。计划可以确保学生在课程中获得最好的体验。

授课前你需要备好课，这样就能够根据学生的实际情况进行调整。比如，你可能会在某一课程主题上花费比预期更长的时间。通过提前计划，你就可以更灵活地应对这种情况。

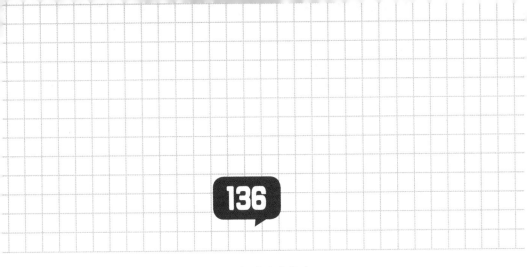

不要过度计划

虽然计划会为你带来很多好处，但请大家注意，不要过度计划。

过度计划会适得其反，就像女人过于勇敢会变得鲁莽，男人过于谨慎会变得小气一样。

过度计划可能会影响课程灵活性，导致课程局限于计划之内，而没有关注学生应该学习的内容。

从本质上讲，计划是在为自己提供一个清晰的方向，来帮助学生取得进步。因此，教师应该在计划课程时准备好充足的学习材料，以促进学生出色地完成学习任务，但计划的内容不能过多，否则投入的时间与收获可能不成正比。

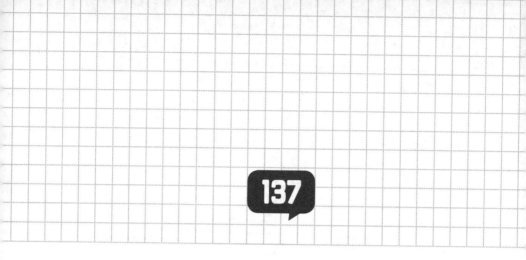

保持课程灵活性

在前两条中，我提到了保持课程灵活性的重要性。

教学归根结底是一种师生交流的练习。退一步讲，我们可以想象一下，在交流中，对方说了一连串事先准备好的台词，但是对你说的任何话都没有回应，更不用说认同你的观点了。这显然不是一次良好的交流（甚至可能不算一次交流）。

在课堂上，我们要对学生的情绪、学习进度等做出回应。

灵活多样的教学更容易打造出卓越的课堂，因为它将学习活动与学生的需求更紧密地结合起来了。

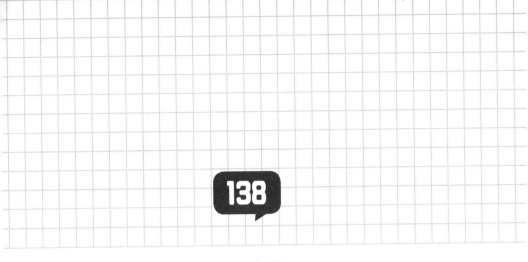

听从直觉

有时，你需要抛开所有的建议、理论和研究成果，听从自己的直觉，但也并非总是如此，因为如果我们只听从自己的直觉，那么很可能会犯很多错误或错过很多机会。

但有时，你的直觉会发挥作用。

比如，你正在上一堂课，尽管反复尝试各种教学策略，但是你和学生都无法投入到课堂中。你的大脑可能会告诉你要继续下去，但你的直觉却不这么认为。它会告诉你要改变现状，抛开计划，做别的事情。在这种情况下，直觉可能是正确的。

所以，要习惯于听从你的直觉，当感觉它说得对时，就跟着它走吧。

139

倾听学生

因为你的学生非常了解你的课堂情况，或许比你自己还要了解，所以倾听学生可以让你深入了解哪些教学板块进展顺利，哪些可能需要改进。这会帮助我们打造更好的课堂，实现卓越教学。

你可以通过以下5种方式来做到这一点：

• 让学生填写问卷。

• 引导学生围绕课堂教学情况展开讨论。

• 观察学生的课堂互动状态和对课程的反应。

• 检验学生的学习成果是否达到预期。

• 做一个单元复习表格让学生完成。

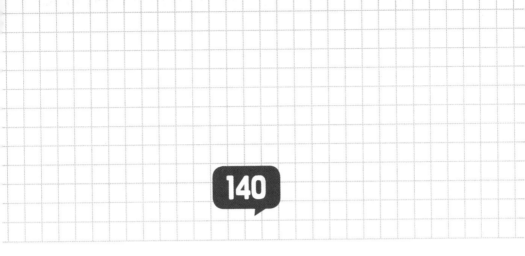

尽可能多地获取信息

信息在课堂中至关重要。你获取的信息越多，就能越准确地了解学生的进展情况，知道怎么做才能使教学满足他们的需要。

你可以通过许多方式获取信息，比如：

- 观察
- 提问
- 倾听
- 批改作业
- 复习活动

你也可以通过全班反馈的方法来获取信息。

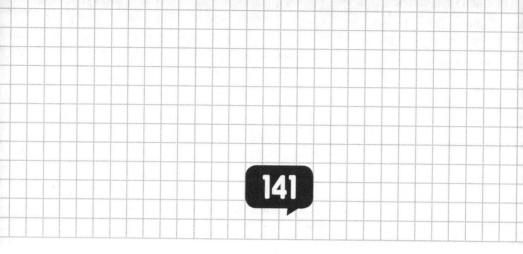

利用所获信息调整教学

在获取了学生的学习信息后，利用这些信息来调整你的教学，这会帮助你实现卓越教学。原因如下：

拥有更多有用的信息使你处于一个更有利的位置，能够让你更好地了解学生的学习情况，知道下一步应该怎么展开教学。你可以利用这些信息来调整你的课程、反馈和沟通方式。

这些调整将使你的教学更贴近学生的需求，帮助学生取得更大的进步。

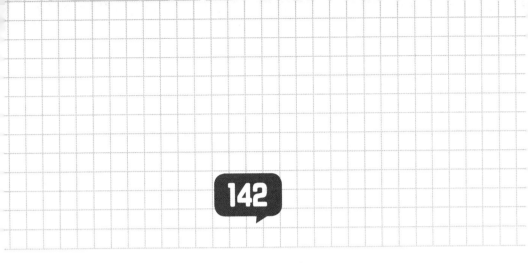

检查学习进度

在教学过程中，你可以检查个别学生、小组或全班学生的学习进度。检查进度的方法包括：

- 提问

- 观察

- 倾听

- 批改作业

- 复习

- 讨论

- 全班反馈

定期检查进度可以确保学生的学习始终保持在正轨上。如果有学生掉队的话，你也了解了一定的信息，就可以据此做出调整。

明确课程重点

课程重点是学生需要掌握的关键信息或帮助他们取得进步的关键技能。明确课程重点可以确保学生更好地理解学习内容或有足够的机会练习关键技能。

比如，在讲解戏剧《麦克白》的课堂上，重点可能是：

- 三个女巫形象的作用。

- 麦克白与妻子的关系。

- 野心和欲望对主角动机的影响。

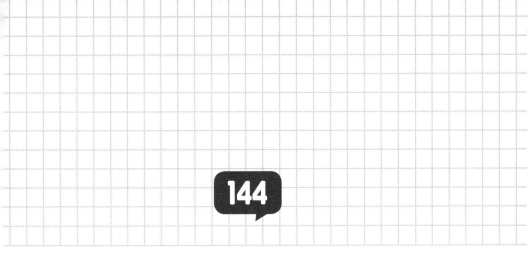

把时间留给学生

教师的话很重要，即使只是解释学生需要做什么，每堂课也都要讲。但是，如果讲太多，往往不利于学生的学习。

一味讲授并不是一种有效的教学方式。它只是把学生的大脑当作应该被装满的水桶，而不是应该被呵护、培育和种植的花园。学生只是被动地接受，并依赖于教师的讲授。

因此，教师尽量少讲、把时间留给学生是鼓励学生积极思考和自主学习的一种手段，而这两点几乎是学生在各行各业取得成功的核心素养。

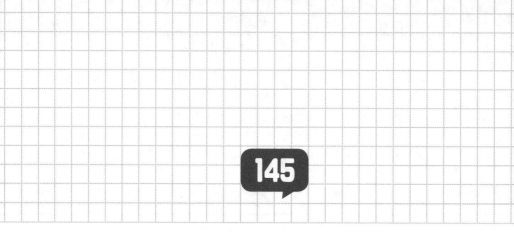

多样化教学

多样化教学具有许多好处：

- 能够吸引和激励学生，给他们带来新奇体验。

- 能够让学生以多样的方式来获取和思考学习内容。

- 能够使学生发挥各自优势。

- 能够通过调整教学安排使课程和学习内容令学生印象深刻。

- 能够使你有机会以不同的方式了解学生的学习情况。

总之，无论是课程规划还是教学方法，我们都应当尽量实现多样化。

组织精彩的活动

无论是布置一个很棒的讨论活动，还是一个有成效的小组任务，这些精彩的活动都有助于你在课堂中注入多样性，促进师生以及学生之间的互动，使课堂充满生机与活力。

精彩的活动还能够启发、激励和吸引学生。这对学生来说是一个挑战，能够拓展他们的思维，鼓励他们以积极和创新的视角看待某些观点和信息。

卓越的课堂总是包含精彩的活动。因为一些限制，或许我们不可能在每节课中都组织很多精彩的活动，但只要经常进行，就足以对学生的成绩产生重大影响。

147

一对一面谈

一对一面谈可以让你有机会向学生提供具体而有针对性的反馈，帮助他们取得巨大进步。以下是可以在课程中加入一对一面谈的3种方法：

• 当学生开展任务时，在教室内走动，与个别学生交谈。

• 让全班学生进行一项拓展活动。在这一过程中，让学生上前与你进行一对一交谈，交谈的重点是了解学生的进展，指出改善的方法。

• 与学生一对一讨论最近完成的作业，重点是表扬学生做得好的地方，并指出一个需要完善的地方。

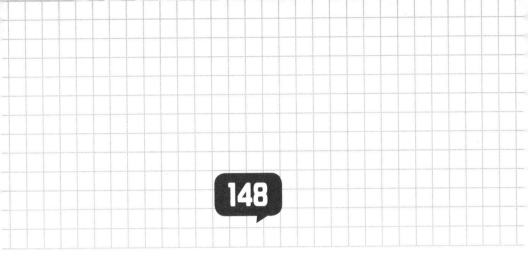

追踪法

除了课堂时间，你还可以利用其他时间来观察学生的学习情况。这里，我们考虑采用追踪法。

追踪法要求我们密切关注学生在一段时间内的表现，包括他们的成绩、行为、努力程度和所取得的进步。

使用纸质记录和电子记录均可，比如你可以使用数据库软件来对学生的学习情况进行追踪。

追踪法的最大优势在于，它可以帮助你了解学生在某一段时间内的表现。你可以发现趋势、找到规律，并以你认为最合适的方式做出回应。

149

避免表意不明

我们应该问问自己，在课堂上有过表意不明的情况吗？如果有过这样的情况，对学生产生了什么影响？

这可能会给学生提供模糊的信息，影响他们的理解，导致他们很可能不会按照你的要求来行动。这些都是表意不明的后果。

注意使用的语言和沟通的方式可以更好地避免表意不明。表意明确能最大限度地减少学生的疑惑，使他们在学习过程中感到更轻松，从而帮助他们学到更多知识，取得更大进步。

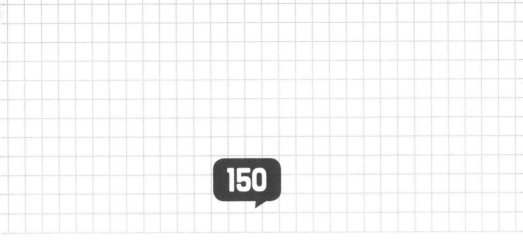

利用肢体语言

肢体语言是一个十分有效的工具，可以帮助教学取得良好效果。以下是3个示例：

• 面向全体学生时，使用手势来辅助你的口头表达，这会帮助学生解读你所说的内容。肢体语言是一种重要的沟通方式，你可以进一步了解并有效地使用。

• 在教室内走动。这可以提醒那些不在状态的学生重回正轨，因为你的出现常常能够把他们带回到学习状态。

• 自信大方地使用肢体语言。这有助于与学生建立融洽的关系，并发出积极的信号，告诉学生你在掌控、组织并带领他们学习。

151

巧用声音

声音是你可以使用的另一个重要工具。如果使用得当，会对教学效果产生重大影响。以下是你可能想尝试的3种方法：

• 改变说话的节奏、音调和速度，这会提升听众的兴趣和参与度。

• 自信而有力地说话，但不要大喊大叫或发出刺耳声音，因为这样往往会使听众产生抵触情绪，唤起身体和心理的防御机制。

• 模仿他人进行表达。你可以听一下专业演员在接受采访时说的话，广播剧，新闻报道或纪录片的旁白等，然后模仿他人的表达方式，这有助于吸引听众，提升他们的兴趣。

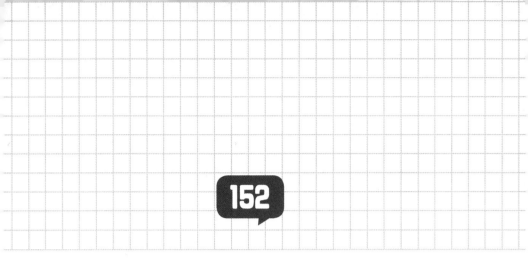

充分使用教室空间

你也可以利用教室内的空间来进行良好教学。

使用教室空间的方式会对他人产生重要影响。想一想坐在教室一角和站在教室前面的区别。或者，如果你不坐在讲台前，而是在教室里走动并指导学生，想象一下不同的效果。同时，你也可以思考一下如何让学生利用教室内的空间。或许你可以通过调整座位来使班上学生"动"起来，或让学生围成一圈，营造平等合作的气氛。

153

表扬学生

在生活中的任何领域，要想取得进步，一个关键因素是动力。拥有动力，我们就更可能成功。

表扬就是一个重要的动力来源。它使我们感觉良好，积极向上，并让我们知道做什么事情是可以得到认可的。

因此，发现学生值得表扬的地方尤为重要。借此，你可以增加学生的动力，从而促使他们取得进步。你尤其应该做的一件事是，在那些通常被忽视的学生身上，找到值得表扬的地方，而且尽量确保班上的每个学生都能经常得到表扬。

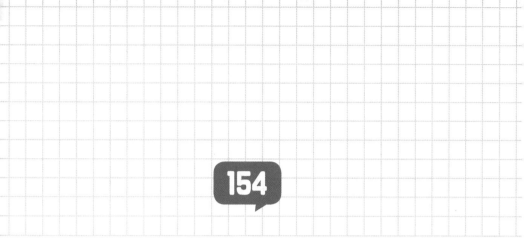

关注努力和努力过程

在给予表扬的时候，要关注学生的努力和努力过程。努力的含义我们都很清楚，而努力过程是指思考、做事和学习的经历，而不是指最后的成果。

成果代表着努力的终点，这是学生学习的最终结果。努力是一种习惯，它是我们所投入的精力。努力过程也与习惯有关。我们的习惯会随着时间的推移慢慢培养出来。

因此，表扬学生的努力和努力过程将激励学生养成良好的习惯，即在完成任务的过程中付出努力，认真学习，最终取得成果。

相反，如果我们只关注成果，就可能会使学生忽视过程，无法认识到最后的成果是由前面的努力得来的。

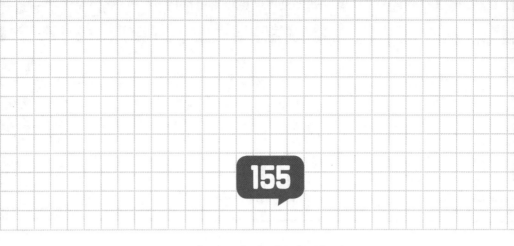

让失败变得有意义

这可能看起来有悖常理，但别走开。

失败是一种学习方式。

当我们在某件事上失败时，会获得大量信息，比如为什么失败，如何失败的，哪个环节失败了，等等。相比成功，我们往往会从失败中获得更多的经验。

我们总能从失败中得到启示。

如果你能帮助学生认识到失败是一件好事，那么他们就会勇于在学习中承担风险，尝试新想法，寻求新挑战。

所以为失败喝彩吧，把它当作学习的机会，鼓励学生尽可能地利用它。

允许学生出错

请记住，学生出错的时候是强调教学重点的绝佳时机。

学生在课堂上说出错误观点，我们可以及时指出。如果学生没有说出来，那么很可能就会一直错下去。

鼓励学生"说错"的方法多种多样，比如，我们可以给学生讨论的机会、质疑学生的观点、设计能够引出错误观点的问题，或者提出一些要求学生解释原因的开放式问题。

当你发现学生出错时，可以与学生讨论，让他们说出自己的想法，然后，帮助他们改变思维。如果可能的话，我们可以以此为契机，与全班同学讨论这个问题，因为其他学生也很有可能会犯同样的错误。

注入趣味元素

在课堂上注入趣味元素具有积极的作用，这会把你的学生吸引到课程中来，使他们得到激励，并取得进步。

我们不可能把每节课都变得非常有趣，或许也并不希望每节课都是有趣的，因为有时我们需要让学生保持安静和专注。

同时，定期给课程注入趣味元素可以对学生产生积极影响。你可以通过令人兴奋的小组活动、有趣的教学内容、具有挑战性的任务以及发人深思的问题或课程目标来注入趣味元素。

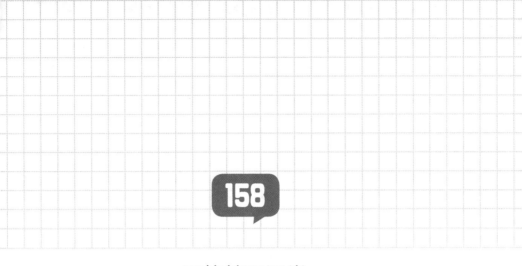

严格管理课堂

实现卓越教学需要教师与学生的共同努力，严格管理课堂能够帮助我们达到这一目标。

保持高标准、注重细节、树立好榜样、寄予高期望，这些都能够帮助我们做到严格管理课堂。课堂管理的重点必须放在整体目标上，即实现卓越教学，并最终培养卓越学生。

为了强调这一点，请从反面思考。如果我们不注重细节，放松对学生的管理，降低对学生的期望，等于在释放这样的信息：虽然没做到最好，但是也足够好了。不过，如果我们的目标是实现卓越教学，这就并不是我们想要传达的！

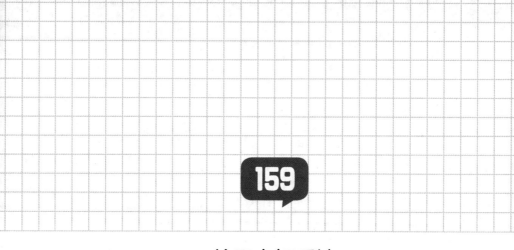

给予良好反馈

给予良好反馈是培养卓越学生的基石，能够让学生清楚地知道如何取得进步和提高成绩。

反馈可以是口头的、书面的或非语言的：

口头反馈是指教师口头告诉学生他们的学习情况。这可能是他们做得好的地方，也可能是他们需要改进的地方。

书面反馈也具有同样的作用，它的优点是具有物质载体，因此，学生可以反复参考，直至消化吸收。

非语言反馈包括面部表情、肢体语言等。虽然它不像其他两种类型的反馈那样有效，但应该同样被重视。

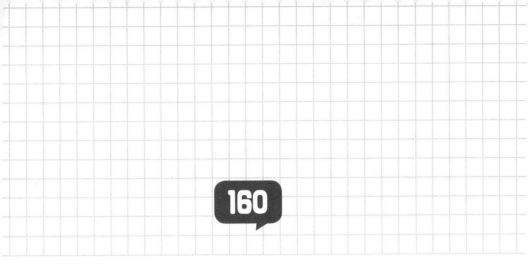

制订明确的目标

给予良好反馈的下一步是制订明确的目标。这里的目标是指你希望学生做的事情，学生也可以通过目标来明确学习方向。简而言之，这是一种能够帮助他们进步的方法。

明确目标十分重要，因为我们如果希望学生听从我们的安排，就需要确保他们能够理解我们的要求。因此，我们应当避免含糊不清和引发歧义的情况。

明确的目标会给学生足够的信息，让他们知道需要做什么。目标应与学习相关、准确具体、切实可行，比如：要求学生在作文的结尾总结自己提出的主要观点，包括有论据支撑的观点。

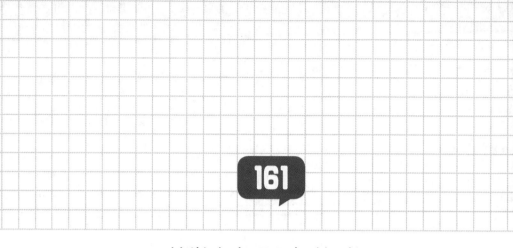

给学生实现目标的时间

在为学生设定了明确的目标后，重要的是在上课时你要给他们时间去努力达成。否则，目标就无法成功地实现。事实上，学生很有可能忘记或忽略这些目标。

以下3种简单方法能够给学生在课堂上达成目标的时间：

• 加入一个与达成目标密切相关的活动，要求学生通过完成活动将他们的目标付诸实践。

• 要求学生在教材上写下他们的目标，并在整个课程中努力付诸行动。

• 第一个课堂任务就是要求学生重写你批改过的作业，并在完成任务的过程中达成目标。

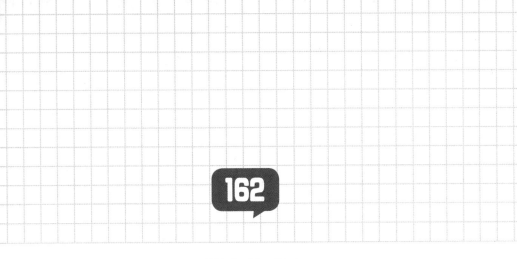

不要害怕噪声

一些教师认为，噪声会扰乱和破坏教学环境，不利于学生学习。但这种普遍的想法是不正确的。

事实上，不受控制的噪声、没有目的的噪声以及与学习无关的噪声，通常是有害的。但是，由于一些活动参与度高而产生的噪声则是有意义的。

学生表达观点和讨论的过程是良好教学的基本组成部分。但有时，这可能会产生非常大的噪声，关键是要进行控制。在课堂嘈杂的情况下继续观察，你就能够实时判断噪声是否有助于学习（如果失控你也能够发现）。

163

设定边界，监督执行

这里说的边界明确了教师在课堂活动中所允许的范围，限定了可接受的行为，并传达出你对学生的要求。随着你对他们越来越熟悉，边界可能需要适时调整，也可能一直保持不变。

无论如何，最重要的是你需要尽早（最好在第一堂课上）设定边界，并严格监督执行。如果你不这样做，就会造成不一致、不清楚和不确定三种情况的发生。

第一种情况下，你无法保持一致，因为没有参照点。第二种情况下，学生不清楚你的期望。第三种情况下，前两种因素共同作用造成不确定性，破坏你与学生的关系，使他们的学习生活变得更加困难。

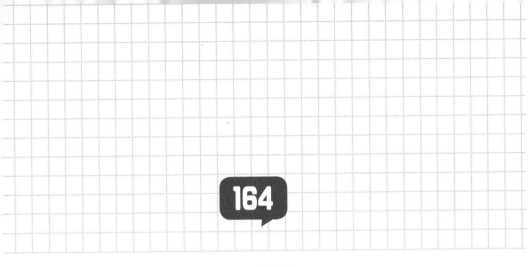

勇于尝试

　　我们以冒险和创新为主题，探讨尝试在卓越教学中的重要性。如果我们想一直保持优秀，那么肯定需要尝试新事物。否则，我们的教学方法就会变得呆板和僵化，而且，可能很容易发现自己落入窠臼，原地踏步。

　　你不需要每次都去尝试一些大事，可以从小事做起，比如开展一项新的活动、制订调座计划或布置题型不常见的作业等。

　　当我们尝试新事物时，会发现自己有机会收集全新的信息，并可以利用这些信息来完善教学。因此，尝试既是为了保持教学的多样性，也是为了持续改进。

勤于反思

当我们反思时，会回顾自己所做的事情并向自己提问。比如：

• 效果怎么样？

• 发生了什么？

• 下次如何改变？

反思是实现卓越教学的重要组成部分。

你可以在上课时、休息时或回家的路上进行反思，但是不要过度反思，过度反思会让你事倍功半。不过一定要确保你能够定期地进行反思。通过反思，新见解会源源不断地产生。

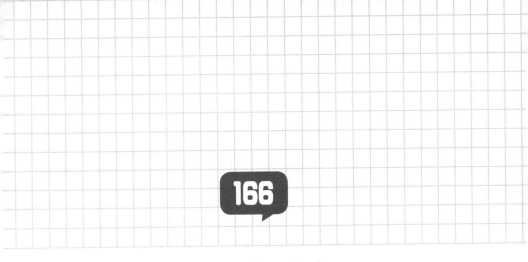

让学生体验成功

成功的感觉很好，给我们信心，不断激励我们前进。

你可以让学生在课堂开始时就体验到成功，帮助他们更好地融入课堂。这会营造出一种积极的氛围，帮助学生树立对学习的信心。

当然，你不需要让课程一开始就非常简单。从长远来看，这样做实际上可能会产生负面影响。你只要开展学生能快速融入的热身活动就可以了。你可以根据学生学过的知识、你以往的经验或学生对上节课所学内容的掌握情况来选择合适的活动。

无论你选择做什么，让学生在课堂开始取得成功会带来很大的好处。

167

完美结束一堂课

以幽默的方式结束一堂课，或者以几句赞美的话、一句感谢营造积极的氛围，都会让学生在走出教室时感觉良好。

这是学生在课堂即将结束时的体验，往往让他们记忆深刻（因为与中间过程相比，我们更容易记住开头和结尾）。

因此，当学生回到你的教室时，他们很可能会带着一种积极的心态投入接下来的学习。

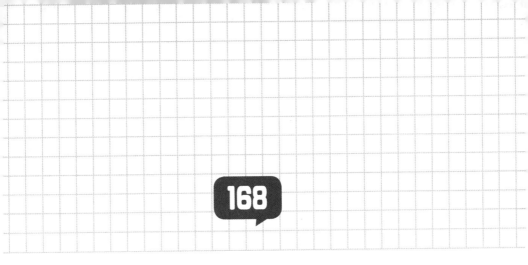

有条不紊地开展教学

在教学过程中，你需要知道自己在做什么，什么时候做，以及为什么要这么做。这是实现卓越教学的关键。

因此，你需要随时做好记录，以便能及时提供高质量的反馈。

为使课程得以顺利进行，你需要在课前准备好所有教学资源。即使课程没有按照你的预期进行，你也可以灵活应对。

你需要在学生到来之前做好计划和准备。这是最基本的要求，但许多教师并没有做到，严重地阻碍了他们打造卓越课堂。

让学生熟悉你的教学流程

你要让学生熟悉你的教学流程，这些教学流程包括：

• 课程开始和结束时的常规流程。

• 活动流程。

• 检查作业的流程。

在每一种情况下，花一点时间让学生熟悉你的教学流程会很快获得回报。

这会使他们准确地理解你在特定情况下对他们的要求，节省大量的时间，提高整个班级的学习水平。因为这样，学生知道自己需要做什么，为什么需要做，以及应该如何做。

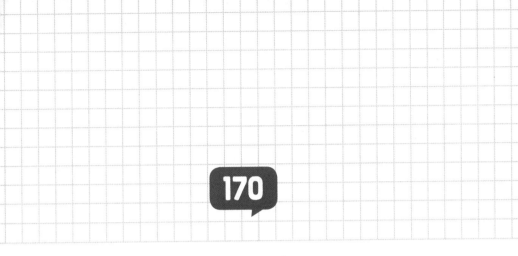

充当协调者

作为协调者，教师应"退居幕后"，为学生提供学习框架，然后让他们独立探索。教师只需观察和等待，在学生需要帮助或支持的时候介入，并时不时地提出更具挑战性的问题来拓展学生的思维。

教师可以策划引导学生积极参与的学习活动，鼓励学生主动学习、主动思考、主动探索。在学生的学习过程中，学生变成课堂的"主角"，他们的注意力也会从你的身上转移到学习本身。

充当协调者这一角色并不容易，但你可以充分利用这样的机会，这样能够确保所有学生都积极参与到学习中来，也能够使我们更有效地利用自己的时间（因为我们可以观察到谁最需要你的帮助，并采取行动）。

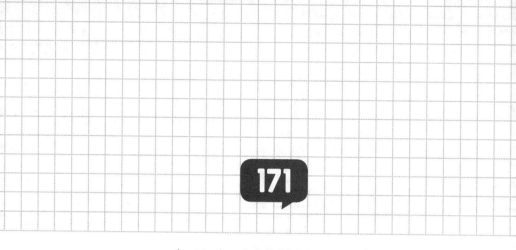

在公布成绩前慎重考虑

我这样说是因为大量研究表明，与明确目标相比，公布成绩对学生学习效果的影响要小得多。而当两者结合在一起时，公布成绩会削弱目标的达成度。

当然，对于学生的成绩，你应该自己做一些记录，同时也应该非常认真地考虑什么时候公布最好。

在卓越的课堂中，每个人都专注于学习。目标与学习相关，会促进学生取得进步。成绩只是我们所做工作的目的之一和取得的进展。因此，它们本身并不能为学习带来任何益处。

我个人更喜欢定期制订目标，记录所有成绩，并在一年中预定的时间点公布成绩，确保成绩与目标保持独立，以免降低后者的影响。

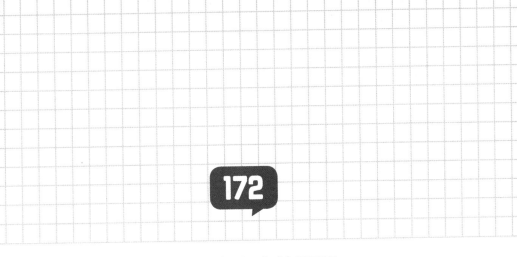

提出令人兴奋的问题

令人兴奋的问题比枯燥乏味的问题更能引起学生进行深入的思考。这些问题能够吸引、激励并启发学生，让大家想知道答案是什么。

在以下环节可以提出一些令人兴奋的问题：

- 描述课程主题时

- 引入新话题时

- 与个别学生或小组成员交谈时

- 提供反馈时

- 开展课堂活动时

你甚至可以准备一个与授课主题相关的问题清单。然后，把它放在手边，随时准备在合适的时候使用。

认清你的优势与弱点

这里的优势是指你在教学中最擅长的方面。发挥你的优势会帮助学生取得最大的进步。

如果你擅长某个方面，无论是提问、解释、激励学生还是其他方面，都请充分发挥你的优势。

同样，如果你能克服自己的弱点，想想这对你的教学会有多大的影响。

如果你不能轻易克服这些弱点，但至少你要做到心中有数，并能在计划课程和教学时将其考虑在内。

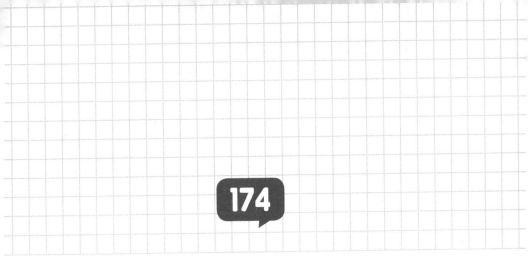

放松运动

　　有时，在你上课的过程中，学生会感到困倦或者注意力不集中。如果其中任何一种情况发生，说明学生无法跟上我们的上课节奏，思想开小差，这样会导致他们遗漏一些知识点。

　　你可以让学生通过运动来短暂地休息。你和全班同学都动起来，暂时中断课程，让学生们打起精神，让教室里重新充满活力。

挑战自我

挑战自我意味着我们要走出舒适区，闯入陌生和可能引发不适的领域。

走出舒适区，接受挑战，你会发现新世界。正是通过挑战，我们可以发现自己的潜力和才能。挑战让我们发现新事物，做出可能从未考虑过的改变，并以我们曾认为难以做到的方式工作。

因此，挑战自己吧！虽然这很难做到，但非常值得你去尝试。因为这很有可能会帮助你在相当长的时间里保持出色的教学状态。

注重学生的读写能力

在本书阅读之旅的最后，我们将注意力转向打造卓越课堂的基础：学生的读写能力。

听、说、读、写是学习的核心，是师生互动的基础，也是学校的主要教学内容。

教师要在课堂上关注学生读写能力的培养，思考如何帮助学生掌握听、说、读、写的技能，这将会为学生的全面发展添砖加瓦，帮助他们取得更好的成绩。因此，从某种程度上说，培养学生的读写能力既是打造卓越课堂的最终目标，也是首要目标。

- 入选中国教育新闻网2022年度"影响教师的 100 本书"TOP10
- 中国教育学会副会长李希贵诚意推荐，没有学习就没有真正的教育！
- "立足学生学习，为今天的教育从业者提供教学思维方式转变的详细指导，为 k-12 教育系统开启教学与学习的全新设计！"

重新定义学习
如何设计未来学校与引领未来学习

ISBN：978-7-5153-6748-4
作者：[美] 埃里克·C. 申英格，托马斯·C. 默里
2022-11　定价：49.90元

◆◆◆

内容简介： 教育可以影响当下，改变未来。在面向未来教育时，学校与教师的职责是让学生为他们的未来做好准备，以获得更大的成功。本书为K12教育系统开启了教学与学习的全新设计。

- 如何打破传统教学壁垒，为学生提供深入探索的学习机会？
- 如何实施精确的学习任务，帮助学生为未来做好准备？
- 如何提供有针对性的反馈，使技术可以提高学习参与度？
- 如何设计以学生为中心的学习空间？
- 如何建立集体愿景和塑造学校文化？

埃里克·C. 申英格　学习技术和教学领导专家，国际教育领导力中心（ICLE）副合伙人和高级研究员，Adobe教育领袖，畅销书作家。

在此之前，他是全球公认的创新实践学校——美国新米尔福德高中备受赞誉的校长。他成功领导了学校的变革，改变了学校的学习文化，同时提高了学习成绩。

托马斯·C. 默里　卓越教育联盟项目未来预备学校的创意总监，畅销书《真实性学习：如何设计体验式、情境式、主动式的学习课堂》作者。

他倡导以学生为中心的个性化学习与真实性学习，同时引领着面向未来的数字化学习。他被教育策略机构（PR with Panache）评为"2017年度教育思想领袖"。

重新定义 教育

为核心素养而教，为生存能力而学

ISBN：978-7-5153-6994-5
作者：[美] 托尼·瓦格纳
2023-09　定价：59.90元
上架建议：教育理论

内容简介： 没完没了的考试、成绩、成功、上名校压得学生和父母喘不过气来。今天的学校与真实世界之间仿佛隔着一道巨大的鸿沟，学校安排的教学和考试、学校对学生的期待，与这个社会对学生的要求，以及学生认可的激励方式有着天壤之别。

本书直击教育痛点，揭示了学校、教师、家长、学生直面未来的发展路径，为落实培养核心素养提供实用方案，让孩子为求学、就业、未来生存做好准备。各界领袖精准点评、教育界齐声称赞，北京第一实验学校校长李希贵、斯坦福大学教育学教授琳达·达林-哈蒙德等人倾情推荐。

阅读本书，你将跟随作者打开学校教育的黑匣子，为学生释放出7种决胜未来的生存力，洞察培养出有竞争力、具备解决实际问题的能力、充满好奇心与想象力、技能娴熟的人才的底层逻辑。你将了解深化教学改革的实践模式，如何围绕学生核心素养培养进行教学设计、考试命题与评价，以及如何重新定义教学中的"精准"。

认知心理学家
解开大脑学习的
运作结构，
如何更有效地
学习与思考

为什么
学生
不喜欢
上学

[美] 丹尼尔·T. 威林厄姆 著
Daniel T. Willingham

Why Don't
Students
Like
School?

★ 比尔·盖茨推荐
★ 入选得到听书"镇馆之宝"
★ 入选中国教育报"影响教师的100本书"
★ 豆瓣热门教育学图书No.1
★ 中国教育学会副会长李希贵特别推荐；新教
  育实验发起人朱永新作序推荐
★ 广受美国教育界专家学者好评：美国教师联
  盟主席兰迪·温加滕、美国核心知识基金会
  创始人E.D.赫希、《认知天性》合著者马克·麦
  克丹尼尔、美国第十任教育部部长小约翰·B.
  金联袂推荐

为什么学生 不喜欢上学？

认知心理学家解开大脑学习的运作结构，
如何更有效地学习与思考

ISBN : 978-7-5153-6708-8
作者 : [美] 丹尼尔·T. 威林厄姆
2023-01 定价 : 59.90元

内容简介：本书以"人类是如何思考和学习的"为线索，按章节依次阐述了大脑关于学习的10项基本运作原理，回答了诸如为何我们无须费力就能记住热播剧剧情却记不住知识等普遍学习困惑，揭示了故事、情感、记忆、背景知识、练习在构建知识和创造持久学习经验中的重要性，据此给出教育工作者提高学生的学习能力及精进教学技艺的方法建议。

作者的多个观点会颠覆你的固有认知，你将会重新认识并思考以下主题："事实性知识优先于技能知识""反复练习是精通任何脑力工作的开始""因材施教是否有科学性证据支持""智能可通过持续努力而改变""对于学生不同的学习方式，我是否应该调整我的教学""学生真能像科学家、数学家、史学家那样思考吗""技术革新的速度再快，也没有改变人类的思考方式"等。

掌握10大认知原则，就能掌握有效学习的诀窍，不是你不喜欢学习，原来是大脑喜欢这样学！

作者简介：丹尼尔·T. 威林厄姆于杜克大学获得心理学本科学位；1990年，他获得哈佛大学认知心理学博士学位；从1992年至今，他在美国弗吉尼亚大学担任心理学教授。其研究主要关注以大脑为基础的学习和记忆，主要围绕认知心理学在基础教育方面的应用。

用心学习

ISBN：978-7-5153-6668-5
作者：[美] 托尼·瓦格纳
2023-01 定价：59.90元

教育大师托尼·瓦格纳的学习之道

★ 北京第一实验学校校长、中国教育学会副会长李希贵和清华大学附属小学校长窦桂梅特别推荐
★ 英美各界思想家强烈推荐本书，包括美国教育部助理部长戴安娜·拉维奇、美国教育部顾问/谷歌顾问/"硅谷教母"埃丝特·沃西基、"多元智能理论"之父霍华德·加德纳、著名未来学家丹尼尔·平克、美国麻省理工学院领导力中心执行主任赫尔·葛瑞格森、亲子教育专家玛德琳·莱文
★ 一部不平凡的自传式教育著作，在不确定的世界里追问教育与学习的意义，用心燃起对知识的渴慕

内容简介： 无论你多大年纪，也无论你正在经历什么，每个人都能从托尼·瓦格纳的故事中，读到那个叛逆、执着、热忱又无惧的自己。

追寻托尼·瓦格纳的成长轨迹，你将会了解到他如何从"问题学生"蜕变成教育思想领袖：一个热爱阅读和写作的任性男孩对世界保持好奇心。一个几度退学、被"恶语老师"贴上"废物"标签的学生，在成长的每一个失败时刻与这个宣判式的回声做抵抗。一个初入大学、带着急躁和冲劲的青年人，为接近生活的真相辍学，又为何重返大学？一个身处动荡时代的学习者，不断追问自我与周围的世界。一个毕业于哈佛大学的高才生教师，帮助学生设计充满挑战性的学习项目，发展学生的内在学习动机，和学生共同讨论未来的目标、道德困境和艰难选择。一个创新教育的推崇者，帮助教师开发有意义的新工具，探索课堂之外的学习机会……。

作者简介： 托尼·瓦格纳是公认的杰出教育家，现任学习策略研究所的资深研究员。托尼博士曾在哈佛大学任职20多年，是哈佛教育研究院"变革领导力"团队创办人兼联合主任，还曾在哈佛创新实验室担任常驻专家。托尼博士有丰富的教学经历，是社会责任教育者组织的创始执行董事等。

人工智能
如何影响教学

从作业设计、个性化学习到
创新评价方法

ISBN：978-7-5153-7012-5
作者：[美] 马特·米勒
2023-10　定价：49.00元

★ 教育技术教学倡导者新作，一本书讲透教师即将应对的人工智能时代
★ 现象级ChatGPT、AIGC产品问世，是将教育逼入角落，还是为教学打开天窗？
★ 本书旨在向教育领域传递正视AI重塑教学的可能性，为教学、教师和学生迎接
　 智能时代做好准备，培养数字素养，媒介素养。讨论技术伦理，重新定义人工
　 智能时代的作弊与抄袭，帮助学生合乎伦理的使用工具，培养数字素养、媒介
　 素养。
★ 30个运用AIGC技巧丰富教学的实用技巧：助力个性化教学，提高教师的教学
　 效率，丰富作业设计的形式，优化学生的评价方式，为教师积极稳妥地运用人
　 工智能为教学赋能提供指导

内容简介： 面对以ChatGPT为代表的生成式人工智能技术的崛起，机器学习和
人工智能的井喷式发展，教育界将面对何种挑战，又该如何应对？"教师会被
ChatGPT取代吗？""ChatGPT会导致学校里作弊盛行吗？"

　　本书合乎时宜，提供了30种运用生成式人工智能技术（比如ChatGPT等人
工智能助手软件）灵活教学的实用技巧，讨论了教师正确看待学生使用ChatGPT
完成个性化学习的可能性，帮助教育工作者重新思考传统的作业设计，还讨论了
如何帮助学生以负责任、合乎伦理的方式适应未来的人工智能世界，如何将学生
培养成具备媒体素养的合格的数字公民，教师如何借助新技术提高自己的教学效
率……

作者简介： 马特·米勒，他在K-12教育领域广受欢迎，身为一名作家、教育演
讲家、教育技术倡导者，他一直鼓励教师用创意解放教学，倡导在课堂中融入技
术，致力于提高教育工作者的教学效率，为学生创造更多印象深刻的学习体验。
著有《技术如何改变教学》。